统计学概论

（第2版）

主　编◎芦晓莉　翟永平

副主编◎王　岳　王佳鸣　马巧珊

TONGJIXUE GAILUN

图书在版编目(CIP)数据

统计学概论/芦晓莉，翟永平主编. —2版. —北京：北京师范大学出版社，2024.6

(“十二五”职业教育国家规划教材)

ISBN 978-7-303-29789-4

Ⅰ. ①统… Ⅱ. ①芦… ②翟… Ⅲ. ①统计学－高等职业教育－教材 Ⅳ. ①C8

中国国家版本馆CIP数据核字(2024)第034288号

图书反馈意见：zhijiao@bnupg.com
营销中心电话：010-58802755　58800035
编辑部电话：010-58806750

出版发行：北京师范大学出版社 www.bnupg.com
北京市西城区新街口外大街12-3号
邮政编码：100088
印　　刷：北京虎彩文化传播有限公司
经　　销：全国新华书店
开　　本：787 mm×1092 mm　1/16
印　　张：11.5
字　　数：288千字
版　　次：2024年6月第2版
印　　次：2024年6月第1次印刷
定　　价：39.80元

策划编辑：包　彤　　责任编辑：包　彤
美术编辑：焦　丽　　装帧设计：焦　丽
责任校对：陈　民　　责任印制：马　洁　赵　龙

前 言

党的二十大报告指出，“高质量发展是全面建设社会主义现代化国家的首要任务”“必须完整、准确、全面贯彻新发展理念，坚持社会主义市场经济改革方向，坚持高水平对外开放，加快构建以国内大循环为主体、国内国际双循环相互促进的新发展格局”。为此，统计工作秉承“为国统计、为民服务，依法统计、依法治统”的使命与责任，围绕二十大战略部署，确定了21项重大和重点统计专项任务，涉及经济、民生、贸易等各个方面，充分发挥统计在经济社会高质量发展中的综合性、基础性作用，以及指标评价、数据汇聚、参谋研判的优势，为全面建设社会主义现代化国家提供优质、高效的统计服务。

统计学是高职高专统计类、金融类、工商管理类、财务会计类等专业的专业基础课。在当今的信息社会里，数据是一种重要的信息，作为数据分析的一种有效工具，统计方法已广泛应用于社会科学和自然科学的各个领域。

通过对统计学的学习，能使相关专业学生掌握系统的统计学基础知识。在体系及内容上，我们尽可能做到规范、翔实，由浅入深、循序渐进，注重统计学基本原理、基础知识的阐述和基本统计方法的训练，使学生更容易接受统计学的理论与方法；运用实训项目和计算机软件进行统计运算，增强学生学习的兴趣，提高实践操作能力。

全书共分九章，分别为认识统计学，统计数据的收集，统计资料的初步分析，数据的描述性分析，抽样、参数估计与样本容量，假设检验，时间序列分析，统计指数，相关与回归分析。

本书的编写按照高职高专人才培养的要求，坚持基础理论“必需、够用”、强化实践环节的原则，突出了以下几个特点。

1. 教材内容简明适用，突出应用性

本书针对高等职业教育注重培养各职业岗位应用型人才的特点，紧密结合高职高专教育发展现状和教学需要进行编写。对基础理论的阐述以“必需、够用”为原则，由浅入深进行阐述，以求简明易懂。重点放在对应用理论及操作技能方面的介绍，注重培养学生的实践能力，突出应用性。

2. 将统计方法与现代信息技术相结合

随着计算机的普及，统计信息处理技术日益现代化，数据的收集、整理和分析等活动都可以利用计算机来完成。因此，本教材中特别设置了“数说统计”

模块，针对每章内容，扩展了Excel和SPSS在统计中应用的相关内容和案例，实现了统计方法和计算机技术的结合，强化学生统计信息现代化处理技能的培养。

3. 强化实践技能训练

为了更加突出对学生的实践技能训练，本书在每章中均设置了具有针对性的“案例引入”和“实训项目”。案例、实训的有机结合，强化了对知识点的牵引和综合考查作用，也突出了教材的时代性和生活性。

为了更好地辅助学习，本书配有微课视频，对每章的关键知识点进行讲解。另有5个附表，方便使用者查阅相关数据。

本书由济南职业学院芦晓莉、山西大学翟永平担任主编，济南职业学院王岳与王佳鸣、天津国土资源和房屋职业学院马巧珊担任副主编。本书由芦晓莉拟定提纲，具体编写分工如下：项目一、项目二由翟永平执笔，项目三、项目四、项目八由芦晓莉执笔，项目五由王岳执笔，项目六、项目九由王佳鸣执笔，项目七由马巧珊执笔。

本书在编写过程中参考了大量的文献资料，并且借鉴了同行专家的研究成果，听取了同行专家的宝贵意见，新道股份有限公司提供了案例素材，在此表示诚挚的谢意。

由于编者水平所限，教材中难免存在不足之处，敬请同行、读者不吝赐教，以便我们做进一步的修改和完善。

编　者

2024年1月

目 录

第一章　认识统计学

知识目标

(1)掌握统计与统计学的含义。
(2)了解统计学的产生与发展。
(3)熟悉统计学中常用的概念。
(4)熟悉常用的统计分析软件。

能力目标

(1)能举例说明什么是总体、样本、个体。
(2)能辨别现实中的统计指标。

素质目标

(1)通过学习我国统计学的发展历程，了解国情，培养学生的爱国主义精神。
(2)通过学习统计学的各种研究方法，培养思辨能力。

知识体系

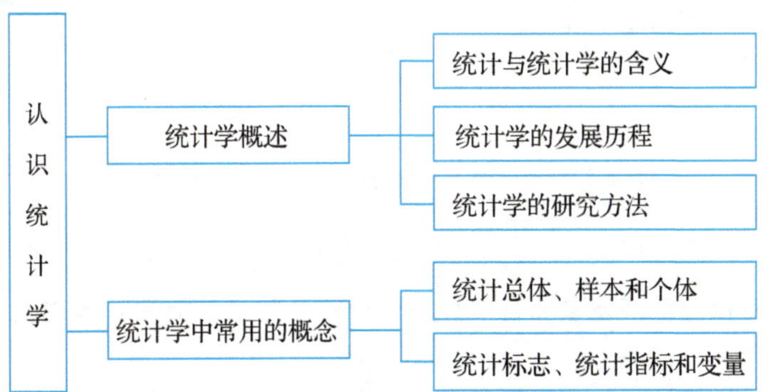

案例引入

国家统计局于2024年2月29日发布了《中华人民共和国2023年国民经济和社会发展统计公报》。初步核算，2023年国内生产总值1 260 582亿元，比2022年增长5.2%。其中，第一产业增加值89 755亿元，比2022年增长4.1%；第二产业增加值482 589亿元，增长4.7%；第三产业增加值688 238亿元，增长5.8%。第一产业增加值占国内生产总值比重为7.1%，第二产业增加值比重为38.3%，第三产业增加值比重为54.6%。最终消费支出拉动国内生产总值增长4.3个百分点，资本形成总额拉动国内生产总值增长1.5个百分点，货物和服务净出口向下拉动国内生产总值0.6个百分点。

资料来源：中华人民共和国国家统计局．中华人民共和国2023年国民经济和社会发展统计公报，2024-02-29.（有修改）

通过以上的统计资料可以看出，2023年是全面贯彻党的二十大精神的开局之年，国民经济回升向好，高质量发展扎实推进，现代化产业体系建设取得重要进展。通过统计数据，可以使我们更加客观、具体地认识现实世界，掌握事物的本质属性和特征，揭示事物间的联系和发展规律，帮助我们更好地指导未来的规划与决策。

第一节 统计学概述

一、统计与统计学的含义

在日常生活中，我们经常会接触“统计”这个词。在人们的一般认识中，统计就是计数。最早的统计就是一种计数活动。最初，统计只是为统治者管理国家而收集资料，弄清国家的人力、物力和财力，作为管理国家的依据。

今天，“统计”一词已被人们赋予多种含义。它可以是统计数据的收集活动，即统计工作；也可以是统计活动的结果，即统计资料；还可以是分析统计数据的方法和技术，即统计学。统计的含义，如图1-1所示。

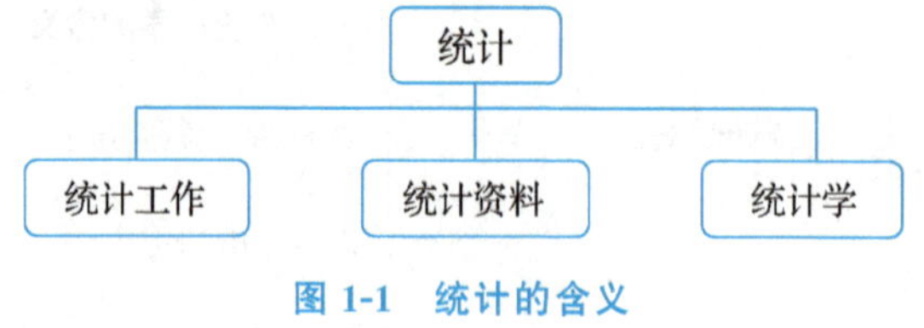

图1-1 统计的含义

统计工作是对社会经济现象和自然现象进行数量收集的活动，客观上为统计学的产生和发展奠定了基础。

统计资料是通过统计工作取得的各项数字资料，以及与其相关的信息。统计资料用来说明所研究对象的情况。《中国统计年鉴》和国家统计局每年年初公布的《国民经济与社会发展统计公报》及其他机构公布的相关数据等都是统计资料。

统计学是一门收集、整理和分析统计数据方法的科学。其目的是探索数据的内在数量规律性，以达到对客观事物的科学认识。

统计学的定义突出了统计学研究的三个方面：一是收集数据，二是整理数据，三是分析数据。

特别提示

在英文中，"statistics"一词有两种含义：当它以单数名词出现时，表示作为一门科学的统计学；当它以复数名词出现时，表示统计数据或统计资料。

统计学与统计数据之间有着密不可分的关系。统计学由一套收集和处理统计数据的方法所组成，这些方法来源于对统计数据的研究，目的在于研究统计数据。不运用统计方法去分析，统计数据仅仅是一堆数据而已，无法得出任何有用的结论。

【例 1.1】　我国近十年的总人口数量、出生率、死亡率和自然增长率，如表 1-1 所示。

表 1-1　2014—2023 年我国总人口数量、出生率、死亡率和自然增长率

年份	总人口数量/万人	出生率	死亡率	自然增长率
2014 年	137 646	13.83‰	7.12‰	6.71‰
2015 年	138 326	11.99‰	7.07‰	4.93‰
2016 年	139 232	13.57‰	7.04‰	6.53‰
2017 年	140 011	12.64‰	7.06‰	5.58‰
2018 年	140 541	10.86‰	7.08‰	3.78‰
2019 年	141 008	10.41‰	7.09‰	3.32‰
2020 年	141 212	8.52‰	7.07‰	1.45‰
2021 年	141 260	7.52‰	7.18‰	0.34‰
2022 年	141 175	6.77‰	7.37‰	−0.60‰
2023 年	140 967	6.39‰	7.87‰	−1.48‰

统计表固然能清晰地反映数据，但更直观的是统计图。根据表 1-1 的数据，用 Excel 图表功能很快就能绘制出图形，如图 1-2 所示。

从图 1-2 和图 1-3 中可以看出，我国总人口数量在 2017 年首次突破 14 亿；2014—2021 年人口总量呈现增长趋势，但增速逐渐放缓；2015 年全面实施二孩政策后，人口出生率有所增长；2021 年人口总量达到近十年的最高峰，随后开始逐年下降；人口自然增长率在 2022 年首次出现了负增长。这表明，我国人口发展出现重要转折性变化，人口数量红利已经消失，以人口老龄化为核心的人口结构性矛盾日益突出，人口发展战略正发生关键性转变，人口要素重要性已经提升到更高层面，要加快构建人口长期均衡发展与经济社会、资源环境协调发展的新人口发展格局。

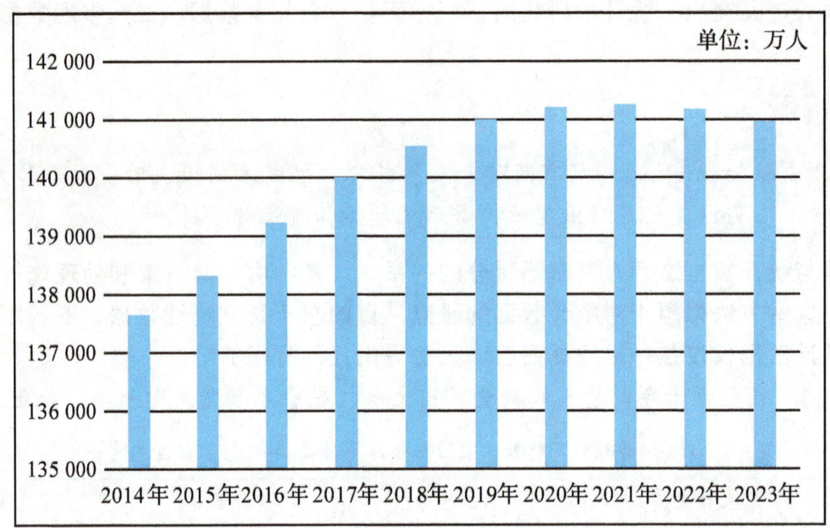

图 1-2 2014—2023 年我国总人口数量

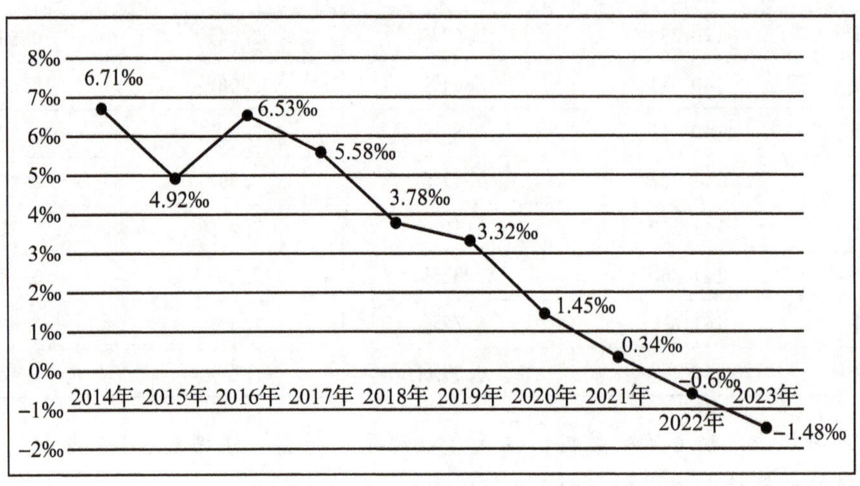

图 1-3 2014—2023 年我国人口自然增长率

统计学研究数据整理与信息展现，更注重对所获得资料的分析。用各种各样的方式对数据进行处理，让数据资料“开口说话”，让它为我们的决策提供依据，给我们带来经济效益。

二、统计学的发展历程

人类的统计实践是随着计数活动而产生的。因此，统计学的起源可追溯到原始社会。大禹治水时期，根据地理位置、人口及物产等将全国分为九个州，汇编成《禹贡》九州篇，从而形成统计的雏形，为统计学的萌芽奠定了基础。但是，使人类的统计实践上升到理论予以总结和概括成为一门系统的科学——统计学，却是在近代。

从统计学的产生和发展过程来看，大致可以划分为三个时期：统计学的萌芽期、统计学的近代期和统计学的现代期。

(一)统计学的萌芽期

17世纪中叶至18世纪中叶，起源于德国的国势学派和英国的政治算术学派对统计学的产生起到了重要的作用。统计学的萌芽期两个学派的对比，如表1-2所示。

表1-2 统计学的萌芽期两个学派的对比

学 派	国势学派	政治算术学派
起源国家	德国	英国
代表人物	海尔曼·康令、戈特弗里德·阿亨瓦尔	威廉·配第、约翰·格朗特
代表作品	《近代欧洲各国国情学纲要》	《政治算术》 《对死亡率公报的自然观察和政治观察》
贡 献	提出了“统计学”的名称	用数量方法研究社会经济现象

(二)统计学的近代期

18世纪中叶至19世纪末，数理统计学派和社会统计学派是这一阶段的重要学派，这两个学派推动了统计学的发展。统计学的近代期两个学派的对比，如表1-3所示。

表1-3 统计学的近代期两个学派的对比

学 派	数理统计学派	社会统计学派
起源国家	英国、美国	德国
代表人物	拉普拉斯、凯特勒	尼斯、恩格尔
代表作品	《社会物理学》	《比利时工人家庭的生活费》
贡 献	发现了大量现象的统计规律性，开创性地应用了许多统计方法	提出了统计学的研究对象是社会现象，目的在于明确社会现象内部的联系和相互关系

各个学派的传承与发展，使今天的统计学形成了以下的格局：一是以社会经济问题为主要研究对象的社会经济统计，二是以方法和应用研究为主的数理统计。从学科的角度看，前者属于应用经济学，后者属于数学。

(三)统计学的现代期

统计学的现代期是自20世纪初到现在的这段时期。自20世纪60年代以后，统计学的发展有几个明显的趋势：第一，统计学依赖和吸收的数学方法越来越多；第二，以统计学为基础的边缘学科不断形成；第三，统计学所发挥的功效日益增强，特别是使用计算机统计分析软件对数据进行处理已成为趋势；第四，统计学的作用已从描述事物现状、反映事物规律，向抽样推断、预测未来变化发展。

相关链接

2003年诺贝尔经济学奖授予了著名计量经济学家罗伯特·恩格尔(Robert F. Engle)和克莱夫·格兰杰(Clive Granger)。两位首创了新的统计方法来处理许多经济时间数列中的时变性和非平稳性问题，涉及金融、人口等，证明了统计方法应用的领域越来越广泛。

统计学可以应用于各行各业的数据分析，这使得它成为一门“万能”的方法论学科。

三、统计学的研究方法

(一)大量观察法

大量观察法是指对所研究的事物的全部或足够多的数量进行观察的方法。统计学的研究对象是客观现象总体的数量方面，这个总体是由同一性质的许多个体构成的。由于客观现象的错综复杂，这些个体的特征和数量表现会存在很大的差异。但是，如果我们综合大量的个体，则偶然性的数量差异又会相互抵消，从而清晰地呈现出现象的数量特征。

大量观察法的数学依据是大数定律。大数定律的本质意义在于经过大量观察，把个别的、偶然的差异性相互抵消，而必然的、集体的规律性便显示出来。

相关链接

统计学家曾对人口出生比例进行过调查研究。当没有外界因素干扰的情况下，观察个别家庭的婴儿出生时，生男生女的比例极为参差不齐，有的家庭生的男孩多，有的家庭生的女孩多，然而经过大量观察，男孩、女孩的出生数则趋向均衡。也就是说，观察的次数越多，离差就越小。这就表明，同质的大量现象是有规律的，尽管个别现象受偶然性因素的影响出现偏差，但观察数量达到一定程度就会呈现出规律性。这就是大数定律的作用。

(二)统计描述法

统计描述法是对由调查或实验得到的统计数据资料进行整理、归类，计算出各种能反映总体数量特征的综合指标，并加以分析研究，从而得出需要的数据资料信息，用表格、图形和统计指标数值来表示的统计方法。

(三)统计推断法

统计推断法是指以一定的置信水平，根据样本数据资料来判断总体数量特征的归纳推理方法。

想一想

什么时候会用到统计推断法呢?

当需要了解的总体对象的范围很大时，由于经费、时间和精力等各种原因，以致有时在客观上只能从中选择部分单位或有限单位进行计算和分析，根据局部观察结果来推断总体。

当所研究现象属于消耗性产品时，如要说明一批灯泡的平均使用寿命，只能从该批灯泡中抽取一小部分进行检验。

(四)统计模型法

统计模型法是根据一定的经济理论和假定条件，用数学方程去模拟现实经济现象相互关系的一种研究方法。利用这种方法，可以对现象和过程中存在的数量关系进行比较完整和近似的描述，从而简化客观存在的、复杂的其他关系，以便利用模型对现状和变化过程进行数量上的评价、预测和控制。

第二节　统计学中常用的概念

一、统计总体、样本和个体

(一)统计总体

1. 统计总体的含义

统计总体简称总体，就是统计所要研究的事物或现象的全体，也就是由客观存在的、具有某种共同特征的许多个别事物构成的整体。

2. 统计总体的特点

统计总体有大量性、同质性、差异性和相对性等特点。

(1)大量性。统计研究是对事物变化发展的规律性进行分析。规律性寓于大量现象之中，只有对大量总体单位进行观察和分析研究，事物发展的规律性才能得以显现。对一个统计总体而言，要包含多少个体才算是“大量”呢？一方面从总体内部分析，取决于个体所体现出来的差异，差异越大，需要的个体就越多；另一方面从总体外部分析，取决于对所研究问题精确度的要求，精确度越高，需要的个体就越多。

在一个统计总体中，当总体包含的单位数有限时(即可穷尽)，称为有限总体。大部分社会经济现象都属于有限总体，要收集这类现象的统计资料既可采用全面调查方法，也可采用抽样调查方法。有限总体所包含的个体数量称为总体容量，通常用大写英文字母 N 表示。一般来说，N 是一个很大的数。当总体包含的单位数无限时(即无穷尽)，称为无限总体。在社会经济现象中，无限总体极少，但也存在，如昼夜连续生产的某产品产量便构成无限总体。在现实中，不可能对无限总体进行全面调查，只能采用抽样调查方法收集其统计资料。

(2)同质性。总体中的每一个个体都必须具有某个相同的性质，才能将它们组合成一个总体。否则，由个体得到的综合信息也会失去意义，甚至掩盖被研究现象的真相。例如，商业企业作为总体，是因为每个商业企业都是从事商业流通活动的个体，具有相同的经济职能，各个商业企业的销售额、利润都是有意义的，反映的是商业企业的经营状态。但如果将一些工业企业的销售额、利润也加入其中，那么合计数也就不再能够反映商业企业的经营状态了。

(3)差异性。个体必须在某些方面是同质的，这是构成总体的前提；但在其他方面又必须是不相同的，即各个个体之间必须存在差异。如果没有差异，所要研究的内容完全一样，那就不需要统计和综合分析了。所以从这个意义上说，个体的差异性也是构成总体的必要条件。例如，研究企业员工的收入状态，由于每个员工的收入是不同的，所以用平均收入来反映一般收入水平，用标准差来反映职工间收入的平均差异。如果每个职工的收入都是一样的，如每人月收入都是 8 000 元，那么就不需要再进行统计了，因为平均收入就是 8 000 元，职工收入之间的差异为 0。

(4)相对性。统计总体和个体不是一成不变的，二者随着研究目的和任务的不同而变化。对于同一个客观事物，在某项研究中属于个体，但在另一项研究中可能就成为统计总体。例如，在济南市高校这个统计总体中，济南市的每个高校都是个体(如山东大学就是其中的一个个体)；但要研究一个典型高校内部的教学科研情况，如果选中了山东大学，那么它就成为统计总体，学校的各院系部或学校的每个教职工就成为个体。

(二)样本

样本是指从统计总体中抽取出来作为代表这一总体的、由部分个体组成的集合体。抽取样本的目的是用来推断总体，这就必然要求样本能够代表总体。样本代表总体的程度越高，由样本计算的指标与总体指标的误差就越小。遵循随机原则的抽样，能够排除主观因素的影响，保证取样的客观性；采用非随机原则的抽样，有时会更快捷、更经济，只是抽取的样本无法计算误差。

构成样本的个体数目称为样本容量，通常用小写英文字母 n 表示。相对于 N 而言，n 一般只是一个很小的数。比如，想了解流水线上产品的合格率，随机抽选 100 个产品进行检验，这 100 个产品就构成了一个样本，样本容量是 100。我们会根据这 100 个产品检验的结果，计算出样本对应的合格率，并用它来代表总体的合格率。

(三)个体

个体是构成统计总体的个别事物，又称为总体单位。对于不同的研究对象，个体可能是人、物，也可能是企业、机构，甚至可能是时间、地域。

特别提示

如果要研究某大学全体学生的英语学习成绩，在数理统计中，总体是所有学生的英语成绩是总体，个体是每个学生的英语成绩；在统计学中，总体是所有学生，个体是每个学生。

二、统计标志、统计指标和变量

统计学的研究对象是客观现象总体的数量方面，但无法直接计量出总体的数量特征，而必须是对取自总体的样本，或者说对构成总体的个体有充分的认识，才能对总体进行特征描述。

(一)统计标志

1. 统计标志的含义

统计标志简称标志，是指每个个体所共同具有的属性或特征，说明个体的属性或特征的具体名称。标志在各单位的具体表现称为标志表现。例如，我们要研究某校女教师的身体素质，该校所有女教师构成统计总体，每个女教师是个体。反映个体的标志可以有很多，如工作单位、家庭住址、性别、民族、年龄、身高、体重、血压、平均每天锻炼的时间等。凡是用数值表示的标志表现称为标志值。

2. 统计标志的分类

(1)品质标志和数量标志。标志按其性质不同，分为品质标志和数量标志。品质标志表明个体属性方面的特征，只能用文字说明，不能用数量表示，得到分类数据和顺序数据，如上例的“家庭住址”“性别”。数量标志表明个体数量方面的特征，只能用数字表现，得到数值型数据，如上例的“身高”“血压”。

(2)不变标志和可变标志。标志按变异情况不同，分为不变标志和可变标志。不变标志是指某一标志对所有个体而言，具体表现都是相同的，如上例的“工作单位”；可变标志又称变异标志，是指某一标志在各个个体之间的具体表现不尽相同，如上例的“民族”“年龄”。可变的数量标志称为变量，其值称为变量值。

有时会按照某一个品质标志，将总体划分为具有某一特征的个体的集合和不具有某一特征的个体的集合两类。比如，在全部产品中，分为合格品与不合格品；在全部人口中，分为男性和女性。这种用“是”“否”或“有”“无”来表示的标志，称为是非标志、交替标志或0、1 标志。

(二)统计指标

1. 统计指标的含义

对统计指标的含义，一般有两种理解和使用方法。

(1)第一种：统计指标是指反映总体现象数量特征的概念，如人口数、商品销售额、劳动生产率等。它包括指标名称、计量单位和计算方法三个构成要素。这是统计理论与统计设计中所使用的统计指标的含义。

(2)第二种：统计指标是反映总体现象数量特征的概念和具体数值，如 2023 年我国国内生产总值为 126.06 万亿元。按照这种理解，统计指标除了包括上述三个构成要素外，还包括时间限制、空间限制和指标数值。这是统计实际工作中经常使用的统计指标的含义。

特别提示

口径一致是统计指标的基本要求。统计口径包括以下两个方面。

一是计算口径外延的明确定义。指标所包括的范围模糊，必然导致所收集的资料不准确，致使对资料的分析结果失真。例如，计算劳动生产率指标时必须明确分母是指生产工人还是指全体职工，否则会将生产工人劳动生产率和全体职工劳动生产率混淆。

二是计算口径维度的正确把握。维度是度量个体的角度，不同维度表示不同的方面，多个维度的组合可以多方面地了解个体情况。例如，对于企业的销售情况，增加时间维度，可以了解不同月份、年度的销售情况及变化；增加区域维度，可以看出不同区域的销售情况及对比等。

【例 1.2】 某企业根据历年生产资料统计结果，发现有 40%的产品废品是由一车间生产的，60%是由二车间生产的。一车间是否比二车间的废品管控做得更好？

解： 如果两个车间的生产量相同，那么答案就是肯定的；如果生产量不同，判断废品管控要看废品率。假设一车间、二车间的生产量和废品情况，如表 1-4 所示，得出的结论正好相反，即一车间的废品率高于二车间。

表 1-4　产品生产量与废品情况

车间	生产量/万件	废品情况		废品率
		绝对数/件	相对数	
一车间	50	10 000	40%	2.00%
二车间	150	15 000	60%	1.00%
合　计	200	25 000	100%	3.00%

2. 统计指标的特点

(1)数量性。所有的统计指标都是可以用数值来表现的，这是统计指标最基本的特点。统计指标所反映的就是客观现象的数量特征，这种数量特征是统计指标存在的形式，没有数量特征的统计指标是不存在的。正因为统计指标具有数量性的特点，它才能对客观总体进行量的描述，才使统计研究运用数学方法和现代计算技术成为可能。

(2)综合性。统计指标是对总体各单位标志表现的综合结果，说明了事物的总体特征。例如，某人的年龄、某人的储蓄额不能称为统计指标，一些人的平均年龄、一些人的储蓄总额、人均储蓄才称为统计指标。统计指标的形成都必须经过从个体到总体的过程，通过个别单位数量差异的抽象化来体现总体综合数量的特点。

(3)具体性。统计指标的具体性有两方面含义：一是统计指标不是抽象的概念和数字，而是一定的、具体的社会经济现象的量的反映，是在质的基础上的量的集合，这一点和数理统计、数学有所区别；二是统计指标说明的是客观存在的、已经发生的事实，反映了社会经济现象在具体地点、时间和条件下的数量变化，这一点又和计划指标有所区别。统计指标反映的是过去的事实和根据这些事实综合计算出来的实际数量，而计划指标则说明未来所要达到的具体目标。

相关链接

标志与指标的区别和联系

1. 标志与指标的区别

(1)标志是说明总体单位特征的，指标是说明总体特征的。例如，一个工人的工资是统计标志，全体工人的工资总额是统计指标。

(2)标志有用文字表示的品质标志和用数值表示的数量标志；指标则都是用数值表示的，没有不能用数值表示的指标。

2. 标志与指标的联系

(1)统计指标的数值多是由总体单位的数量标志值综合汇总而来的。例如，工资总额是各个职工的工资之和，工业总产值是各个工业企业的工业产值之和。由于指标与标志的这种综合汇总关系，有些统计指标的名称与标志是一样的。

(2)标志与指标之间存在变换关系。如果由于统计研究目的的变化，原来的统计总体变成总体单位，则相对应的统计指标也就变成了数量标志；相反，如果原来的总体单位变成总体，则相对应的数量标志也就变成了统计指标。

3. 统计指标的种类

(1)统计指标按其性质不同，分为数量指标和质量指标。

①数量指标。数量指标是反映客观事物的规模或水平的指标，表现为汇总后直接得到的绝对数或总量，又称为总量指标或绝对指标。数量指标是最基本的指标，是计算其他指标的基础。数量指标包括标志总量和总体单位总量，如总产值、工资总额、人口总数、企业数量等。

②质量指标。质量指标是反映客观现象之间的相互联系、比例关系、发展速度、内部结构的指标，一般用相对数或平均数表示，如劳动生产率、成本利润率、人均收入等。质

量指标是由两个数量指标对比求得的，是由数量指标派生的。

(2)统计指标按其作用和表现形式的不同，分为总量指标、相对指标和平均指标。

①总量指标。总量指标是反映客观现象总体规模的统计指标，通常以绝对数的形式来表示，如土地面积、国内生产总值、财政收入等。

总量指标按其反映时间状况的不同，又分为时期指标和时点指标。时期指标反映现象在一段时期内的总量，如产值、利润等；时点指标反映现象在某一瞬间的总量，如股票价格指数、资产总值等。

②相对指标。相对指标是两个有联系的绝对数的比值，反映事物间的数量联系程度，如经济增长率、物价指数、投资报酬率等。

③平均指标。平均指标又称平均数或均值，反映客观现象在某一空间或时间的平均数量状况，可以反映数据的集中趋势，如人均国内生产总值、人均利润等。

(3)统计指标按管理功能作用的不同，分为描述指标、评价指标和预警指标。

①描述指标。描述指标主要反映社会经济运行的状况、过程和结果，提供对社会经济总体现象的基本认识，是统计信息的主体。例如，反映社会经济条件的土地面积指标、自然资源拥有量指标、社会财富指标、劳动资源指标、科技力量指标，反映生产经营过程和结果的国内生产总值指标、工农业总产值指标、国民收入指标、固定资产指标、流动资金指标、利润指标，反映社会物质文化的娱乐设施指标、医疗床位数指标，等等。

②评价指标。评价指标用于对社会经济运行的结果进行比较、评估和考核，以检查工作质量或其他定额指标的结合使用，如国民经济评价指标和企业经济活动评价指标。

③预警指标。预警指标一般用于对宏观经济运行进行监测，对国民经济运行中即将发生的失衡、失控等进行预报、警示。通常选择国民经济运行中的关键性、敏感性经济现象，建立相应的监测指标体系。例如，针对经济增长、经济周期波动、失业、通货膨胀等，可以建立国内生产总值与国民收入增长率、社会消费率、积累率、失业率、物价水平、汇率、利率等预警指标。

(4)统计指标按核算的范围不同，分为总体指标和样本指标。

①总体指标。总体指标即总体参数，简称参数，是想要了解的总体的某个特征值。在统计中，总体参数通常用希腊字母表示，如总体平均数用 μ 表示，总体标准差用 σ 表示，总体比例用 π 表示。总体参数是一个未知的常数，采用抽样方法，根据从抽取的样本中所获得的资料来推断总体参数。

②样本指标。样本指标即样本统计量，简称统计量。统计量是根据样本数据计算出来的一个量。样本统计量通常用英文字母来表示，如样本平均数用 $\overline{x}$ 表示，样本标准差用 s 表示，样本比例用 p 表示。由于样本是从总体中抽取的，所以统计量可以通过计算获得，抽样的目的就是要用统计量来推算总体参数。

(三)变量

1. 变量的含义

变量就是可以取不同值的量。在社会经济统计中，变量包括各种数量标志和全部统计指标。变量就是数量标志的名称或指标的名称，变量的具体数值表现称为变量值。例如，各个工厂的职工人数不同，职工人数是一个变量。A 工厂有 852 人，B 工厂有 1 686 人，C 工厂有 964 人，都是“职工人数”这个变量的具体数值，也就是变量值。

2. 变量的种类

(1)离散型变量和连续型变量。这两类变量获取的方法不同，离散型变量一般用“点数”的方法取得，数值往往是整数，如职工人数、企业个数、设备台数等；连续型变量用“测量”取得，测量的仪器越精密，变量值就越精确，如人的身高、体重，产品的长度、重量等。离散型变量和连续型变量往往会服从不同的概率分布。

(2)确定性变量和随机变量。受确定性因素影响的变量称为确定性变量。这种影响变量值变化的因素是明显的，是可以解释的，是人为的或者受人控制的，其影响变量值的大小、方向都可以确定。例如，产品总成本的变化，无非是受产品产量和单位成本两个因素的影响，而这两者都是人为可以控制的变量，并且对生产总成本影响的大小和方向也是确定的。受随机性因素影响的变量称为随机变量。所谓随机因素，是指各种不确定的、偶然性的因素，这类因素对变量影响的大小和方向都是不确定的，通常是微小的。例如，流水线上生产零件，即使在看似完全相同的生产条件下，零件的尺寸也会存在差异。统计学研究的变量主要是随机变量。

数说统计

统计学中常用的统计分析软件有 SAS、SPSS、Excel 等。每个统计软件都有各自组织数据的方式和分析界面。下面简单介绍 Excel 和 SPSS 的数据处理方式。

1. Excel 的数据处理方式

Excel 的数据处理方式主要公式和函数、数据分析工具。

(1)公式和函数

公式和函数是 Excel 工作表的核心。公式是连续的一组数据和运算符组成的序列，是在单元格中创建的表达式；函数实质上是预定义的公式，只要输入相关参数，就会自动计算所需的函数值。

Excel 包含 13 大类、500 多个函数，功能强大，可以解决日常工作和学习中大部分的数据处理问题。

在单元格中输入“=”，或调用菜单“公式”→“插入函数”，或在编辑栏中单击“函数 *fx*”按钮，都可以调出“插入函数”的引导窗口。根据描述或通过类别选择，找到需要的函数进行使用即可。

(2)数据分析工具

Excel 自带的数据分析功能可以完成专业统计软件的部分数据分析工作。数据分析工具实际上是一个外部宏(程序)模块，提供了 19 种专门用于数据分析的使用工具。通过调用菜单“数据”，单击“分析”中的“数据分析”，打开“数据分析”对话框，在“分析工具”中选择适用的工具，单击“确定”按钮，将数据范围输入对话框，并设置各选项，然后单击“确定”按钮使用。

“插入函数”对话框和“数据分析”对话框，分别如图 1-4 和图 1-5 所示。

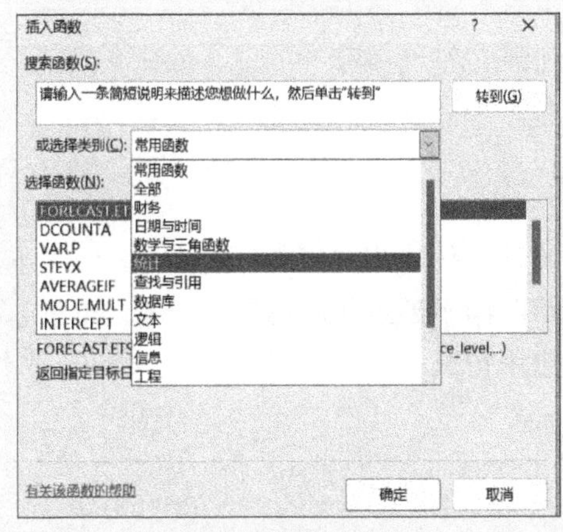

图 1-4　"插入函数"对话框

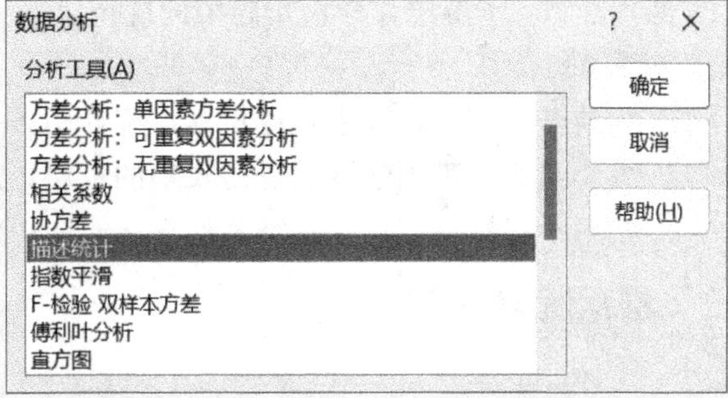

图 1-5　"数据分析"对话框

2. SPSS 的数据处理方式

SPSS 的全称是 Statistical Program for Social Sciences，即社会科学统计程序。该软件是公认的最优秀的统计分析软件包之一。SPSS 最突出的特点是采用图形菜单驱动界面，展示各种管理和分析数据方法的功能，对话框展示出各种功能选择项，操作界面友好，输出结果美观。用户只需掌握一定的 Windows 操作技能，精通统计分析原理，就可以使用该软件为特定的科研工作服务。

启动 SPSS 后，图 1-6 所示的窗口便是 SPSS 的主窗口。在主窗口中，用户可以进行数据的录入、编辑，以及变量属性的定义和编辑等操作。该界面与 Excel 的不同之处在于左下角分为数据窗口和变量窗口，用户可以根据需要进行切换。同时，在数据窗口设置变量栏，用于显示变量的名称。

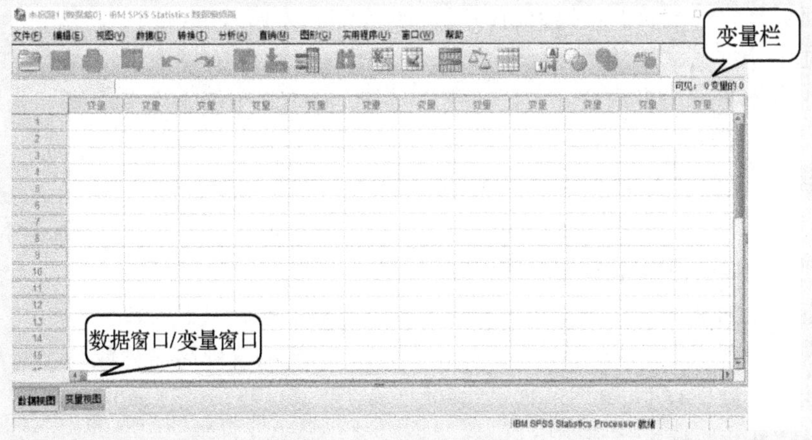

图 1-6　SPSS 界面

SPSS 软件可以绘制表格，用于描述数据，除此之外，大部分分析结果也都以专用表格的形式展示。对于一些不便于用表格和图形表达的结果，SPSS 软件提供了文本格式的结果。另外，利用图形来展示数据，也是在数据分析中必不可少的，SPSS 软件提供了功能非常强大的统计绘图功能。

实训项目

项目名称：认识统计学和统计分析软件。

实训目的：了解统计学在实际中的应用。

实训步骤：

1. 分成若干小组，收集统计指标、统计图表、统计软件等相关资料。
2. 各小组为全班同学展示自己收集的资料，展示时间不超过 15 分钟。
3. 把各小组资料汇总，总结统计学在实际中的应用情况。

课后练习

一、单项选择题

1. 统计研究对象最基本的特点是(　　)。

A. 总体性　　B. 数量性　　C. 具体性　　D. 社会性

2. 要了解某市国有工业企业技术装备情况，统计总体是(　　)。

A. 该市所有工业企业　　B. 该市每一个工业企业

C. 该市所有工业企业的每一台设备　　D. 该市所有工业企业的全部设备

3. 统计标志说明(　　)。

A. 总体特征　　B. 总体单位特征

C. 总体数量特征　　D. 总体质量特征

4. 某地“国内生产总值”在统计指标中属于(　　)。

A. 质量指标　　B. 数量指标

C. 相对指标　　D. 平均指标

5. 某商场有 100 名职工，把他们的工资加起来除以 100，这是(　　)。

A. 对 100 个变量求平均值　　B. 对 100 个变量值求平均值

C. 对 100 个指标求平均值　　D. 对 100 个标志求平均值

二、多项选择题

1.“统计”一词的含义中包含(　　)。

A. 统计工作　　B. 统计资料　　C. 统计调查　　D. 统计学

2. 下列变量属于离散型变量的有(　　)。

A. 商品的销售额　　B. 商业企业职工人数

C. 商品库存额　　D. 商场经营商品品种数

3. 在我国人口普查中，(　　)。

A.“男性”是品质标志

B.“文化程度”是品质标志

C. 人的“年龄”是变量

D. 每个有中国国籍的常住人口是总体单位

4. 下列变量属于连续型变量的有(　　)。

A. 企业职工人数　　B. 农副产品收购额

C. 某农场拖拉机生产量　　D. 某商场商品销售额

5. 以某市商业企业职工为总体，下列属于统计指标的有(　　)。

A. 男职工所占比重为63%　　　　B. 某职工的月工资收入为7 000元

C. 职工月平均工资为8 000元　　　　D. 该市商业企业职工总数

三、简答题

1. 简述统计和统计学的含义。
2. 简述统计学的发展历程。
3. 简述统计学的研究方法。
4. 要调查某商店销售的全部洗衣机的情况，总体、总体单位分别是什么？
5. 简述标志与指标的区别和联系。

第二章　统计数据的收集

知识目标

(1)理解统计数据的计量尺度的类型。
(2)了解统计数据的类型。
(3)掌握不同的统计调查方式和应用场合。
(4)学会统计数据的收集方式与方法。
(5)熟悉调查方案设计的程序。

能力目标

(1)具有独立设计简单的统计调查方案的能力。
(2)培养各种调查方法在实际工作中的应用能力。

素质目标

(1)培养实践出真知的思维观点，没有调查就没有发言权。
(2)通过对统计调查的方法和过程的学习，培养实事求是、耐心细致的工作作风。
(3)通过对统计调查方案的学习，培养严谨认真的态度，遵守统计职业道德规范。

知识体系

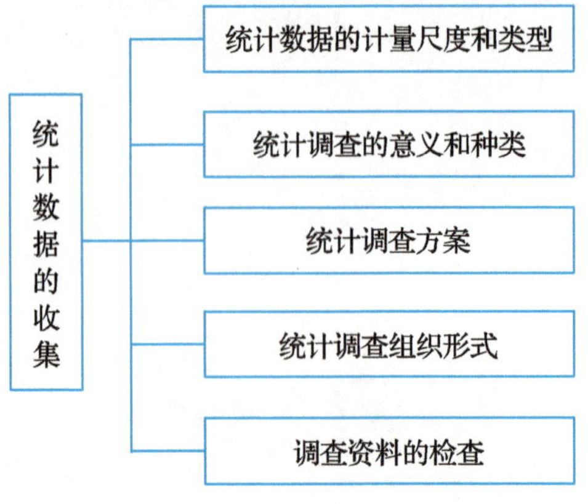

案例引入

表 2-1　2014—2023 年我国居民人均收入情况

年份	居民人均可支配收入		居民人均可支配收入中位数		居民人均可支配工资性收入		居民人均可支配经营净收入		居民人均可支配财产净收入		居民人均可支配转移净收入	
	数额/元	比上年增长	数额/元	比上年增长	数额/元	比上年增长	数额/元	比上年增长	数额/元	比上年增长	数额/元	比上年增长
2014 年	20 167	—	17 570	—	11 421	—	3 732	—	1 588	—	3 427	—
2015 年	21 966	8.9%	19 281	9.7%	12 459	9.1%	3 956	6.0%	1 740	9.6%	3 812	11.2%
2016 年	23 821	8.4%	20 883	8.3%	13 455	8.0%	4 218	6.6%	1 889	8.6%	4 259	11.7%
2017 年	25 974	9.0%	22 408	7.3%	14 620	8.7%	4 502	6.7%	2 107	11.5%	4 744	11.4%
2018 年	28 228	8.7%	24 336	8.6%	15 829	8.3%	4 852	7.8%	2 379	12.9%	5 168	8.9%
2019 年	30 733	8.9%	26 523	9.0%	17 186	8.6%	5 247	8.1%	2 619	10.1%	5 680	9.9%
2020 年	32 189	4.7%	27 540	3.8%	17 917	4.3%	5 307	1.1%	2 791	6.6%	6 173	8.7%
2021 年	35 128	9.1%	29 975	8.8%	19 629	9.6%	5 893	11.0%	3 076	10.2%	6 531	5.8%
2022 年	36 883	5.0%	31 370	4.7%	20 590	4.9%	6 175	4.8%	3 227	4.9%	6 892	5.5%
2023 年	39 218	6.3%	33 036	5.3%	22 053	7.1%	6 542	5.9%	3 362	4.2%	7 261	5.4%

表 2-1 展示了 2014—2023 年我国居民人均收入的各项指标。通过表格可以看出指标的类型各不相同，有以绝对数表示的指标，也有以相对数百分率表示的指标。统计数据的分类标准是怎样的？应该如何收集这些统计数据？应该如何对它们进行审核？

第一节　统计数据的计量尺度和类型

一、统计数据的含义

统计数据又称统计资料，是统计工作活动过程中所取得的反映国民经济和社会现象的数字资料，以及与之相联系的其他资料的总称。统计数据不是单个的数据，而是在特定研究中收集起来的、由多个数据构成的、为有关研究服务的数据集合。因为仅靠单个数据是不可能得出事物的发展规律，必须通过对同一事物进行若干次的观察和计量，再对得到的大量统计数据进行分析，才可能探索出事物的发展规律。

特别提示

统计学与统计数据之间有着密不可分的关系。

(1)统计数据的收集是统计分析的基础，离开了统计数据，统计方法就失去了用武之地。

(2)统计数据的整理可以使统计数据系统化、条理化，能够符合统计分析的要求。

(3)统计数据的分析是统计学的核心内容，是探索数据内在规律的过程。统计学就是收集、整理、分析、解释统计数据的“艺术”。

二、统计数据的计量尺度

为了得到统计数据，就需要对客观现象进行计量，所以必须弄清统计数据的计量问题。根据所计量研究对象的不同情况，分为定类尺度、定序尺度、定距尺度和定比尺度四种计量尺度。

(一)定类尺度

定类尺度是将调查对象分类，标以各种名称，并确定其类别的方法。定类尺度是四种计量尺度中层次最低、最粗略的一种。例如，按照民族，可将我国人口分为汉族、回族、满族等；按照经济性质，可将企业分为国有、集体、私营、混合制企业等。定类尺度实质上是一种分组体系，分组后各组之间的关系是平等或并列的，没有等级之分。需要注意的是，各组或各类必须符合类别穷尽和互斥的要求，即组别或类别是可以通过列举的方式全部显示出来的，而且每一个数据只能归于其中一类。

(二)定序尺度

定序尺度是按照某种逻辑顺序将调查对象排列出高低或大小，确定其等级及次序的一种尺度。例如，考试成绩可分为优、良、中、及格、不及格，产品等级分为一级、二级、三级等。相比定类尺度，定序尺度比较精确。但定序尺度并不能测量出类别之间的准确差值，属于这类尺度的数据只能进行大致比较。

(三)定距尺度

定距尺度是一种不仅能将变量(社会现象)区分类别和等级，而且可以确定变量之间的数量差别和间隔距离的一种尺度。其数据表现为“数值”，如人民币用“元”表示，温度用“度”度量，重量用“克”度量等。相比定类尺度和定序尺度，定距尺度对事物能进行准确测度。定距尺度可以较方便地转换为定序尺度，但定序尺度通常不能转换为定距尺度。

(四)定比尺度

定比尺度是数据最高级的计量尺度，在实际统计中被广泛使用。定比尺度具有与定距尺度同样的特点，但其功能强于定距尺度。

定比尺度有绝对零点，即“0”表示“没有”或“无”。例如，某人月收入为“0”，表示本月没有收入；某人身高为“0”，表示此人不存在。两个定比尺度数据相比是有意义的，如重量100千克是50千克的2倍。

四种计量尺度的对比，如表2-2所示。

表2-2　四种计量尺度的对比

数学特征	定类尺度	定序尺度	定距尺度	定比尺度
分类(=，≠)	可以	可以	可以	可以
排序(>，<)		可以	可以	可以
间距(+，−)			可以	可以
比值(×，÷)				可以

想一想

身高、体重、学历、政治面貌、籍贯、收入、支出、智商分别属于哪一层次的计量尺度？

根据计量尺度的不同，可将统计数据对应分为定类数据、定序数据、定距数据和定比数据四类。定类数据是由定类尺度计量形成的，它表现为类别，但不区分顺序。其中，定类数据和定序数据又可归为定性数据，定性数据又称品质数据，用以说明事物的品质特征，是不能用数值来表示的，其结果通常表现为类别。定距数据和定比数据又可归为定量数据，定量数据又称数量数据，用以说明事物的数量特征，具体表现为数值。

三、统计数据的来源

统计数据的来源主要有两个途径：一是对调查单位的直接调查或科学实验，这是统计数据的直接来源，所收集的数据称为直接数据；二是经他人加工、整理过的统计数据，这是统计数据的间接来源，所收集的数据称为间接数据。

（一）直接来源

直接来源主要有调查、科学实验两个渠道。调查是取得社会经济统计数据的主要渠道，包括统计部门进行的统计调查、其他部门为特定目的进行的专门调查等。科学实验是获取自然科学数据的主要渠道，本书不多介绍。

（二）间接来源

调查者不是直接进行调查或实验得到第一手资料，而是通过其他渠道使用他人的调查成果，属于统计数据的间接来源。各级各类政府主管部门发布的有关资料是间接数据的重要来源，这类信息具有权威性强、涵盖面广的特点，如国家统计局出版的《中国统计年鉴》《中国人口统计年鉴》等。

企业内部一般都会保存其业务资料、财务资料、生产技术资料、档案资料等数据，这也是获取数据的一条重要途径。

此外，随着计算机和互联网的广泛使用，互联网正成为获取数据的重要途径。与其他方法相比，互联网不仅拥有方便、快捷、低费用的优势，而且可以打破地理障碍和时间约束，调查者可以很方便地在世界范围内获取需要的信息。

第二节　统计调查的意义和种类

一、统计调查的概念和要求

（一）统计调查的概念

统计调查是根据统计的任务，运用科学的方法，有计划、有组织地向调查单位收集材料的统计工作阶段。统计调查在整个统计工作中，担负着提供基础资料的任务，是统计工作的开始阶段，是统计整理和统计分析的前提。统计调查工作的质量如何，直接影响整个统计工作的质量和效果。因此，统计调查是统计工作的起点和基础环节，在统计工作中占有特别重要的地位。

(二)统计调查的要求

统计调查的重要地位决定了统计调查所取得的资料必须满足以下几个要求。

1. 准确性

准确性是指所收集的原始资料要符合客观事实，既不夸大也不缩小。准确性是《中华人民共和国统计法》所追求的核心价值之一。统计机构和统计人员必须实事求是，严肃统计纪律，执行统计法规。准确性作为规范性的统计法律要求，贯穿整个统计工作过程。

统计调查对准确性的要求，如表2-3所示。

表2-3 统计调查对准确性的要求

阶 段	要 求
准备环节	调查设计应科学、实事求是
实施环节	如实提供上报资料，仔细审核，科学推断
分析环节	按照统计原则和社会发展规律进行科学分析
发布环节	所发布的信息须与客观事实相符，不使用模糊不清、带误导性的语言解释相关指标的含义，避免出现误解

2. 及时性

及时性是对统计调查完成收集各项资料的时间要求。信息资料具有很强的时效性，即使统计资料准确无误，但如果提供不及时，就起不到应有的作用。为此，统计调查人员必须建立全局观念，增强纪律性，培养协作精神；同时应加大硬件的投入，建立统计信息化平台，避免统计报表迟报现象的发生。

3. 完整性

完整性是指统计调查提供的资料要全面，在规定的时间内将调查的单位和项目毫无遗漏地收集起来。调查资料的完整性是反映大量社会经济现象总体数量特征的基础。如果资料不完整，就会给统计整理和统计分析带来困难，可能使统计分析结论与实际产生偏差，从而指导性不强，甚至误导信息使用者。

综上所述，统计调查资料的准确性、及时性和完整性是对统计调查的基本要求，其中准确性是基础，应当在准中求快、准中求全。

二、统计调查的种类

统计调查的种类是指各种不同的调查方式。根据不同的调查对象和调查目的，可将统计调查分为不同的类别。

(一)统计报表和专门调查

按组织形式不同，统计调查分为统计报表和专门调查。

1. 统计报表

统计报表是国家统计系统和各业务部门为了定期取得系统、全面的基本统计资料，按一定的方式和要求，自上而下统一布置，自下而上逐级提供和报送统计资料的一种统计调查方式。它多以定期统计报表形式出现，多属于经常性调查。

2. 专门调查

专门调查是为了研究某些情况或某种问题而专门组织的统计调查。这种调查一般属于一次性调查，包括普查、典型调查、重点调查和抽样调查。

(二)全面调查和非全面调查

按调查对象范围不同，统计调查分为全面调查和非全面调查。

1. 全面调查

全面调查就是对调查对象中的每一个单位都进行调查的一种调查方式。全面统计报表和普查都是全面调查。

2. 非全面调查

非全面调查就是对调查对象中的部分单位进行调查的一种调查方式。典型调查、抽样调查、重点调查都是非全面调查。例如，为了解某地居民的消费水平情况，并不需要对该地区所有的居民进行调查，只需要收集各收入层次的部分居民的实际资料。

(三)经常性调查和一次性调查

按调查时间的连续性不同，统计调查分为经常性调查和一次性调查。

1. 经常性调查

经常性调查是指随着调查对象的变化，随时将变化的情况进行连续不断的登记。例如，产品产量、商品销售额、主要原材料的消耗等，这些指标数值变化较大，必须进行经常性登记，才能满足统计调查的需要。

2. 一次性调查

一次性调查是每隔一段时间进行不连续的一次性登记，以反映事物在一定时点上的发展水平。一次性调查大多是对时点现象所进行的调查，如人口数、商业网点数、商品库存量等。一次性调查可以定期进行，也可以不定期进行。

三、统计调查的方法

统计调查的方法是指收集调查资料的具体方法。常见的统计调查方法有直接观察法、报告法、采访法和问卷法。

(一)直接观察法

直接观察法是调查人员亲自到现场，对调查对象直接进行观察、检验、测量、计数，以取得第一手资料的一种调查方法。例如，调查人员到商场调查客流量、顾客在各柜台的停留时间、顾客的基本特征、售货员的服务态度等。使用直接观察法，调查人员所处地位是被动的，对所观察的事件或行为不加以控制或干涉。直接观察法可使调查人员亲自获取感性认识，所以资料较准确，但需耗费较大的人力和财力。

(二)报告法

报告法是由被调查单位利用各种记录和核算资料，按照统一的要求和表格形式，向有关部门提供统计资料的一种调查方法。在我国，企事业单位向上级填报的统计报表就采用报告法。基层单位的管理制度健全和原始记录完整齐全是保证所提供资料可靠性的前提条件。

(三)采访法

采访法是调查人员向被调查者提问，根据被调查者的答复来收集统计资料的一种方法。在实际中，个别询问法和开调查会法是被经常使用的采访法。

个别询问法是调查人员对被调查人员逐一采访，并提出所要了解的问题，以此作为收集资料的方法。有时进行一两次采访并不能得出结论，调查人员需全心投入，进行多次采访。

开调查会法是由调查人员按一定的调查提纲，邀请一些熟悉所调查问题的人进行座谈讨论，以收集所需资料的方法。采访前一般先准备好调查提纲，按照提纲逐项询问，以免漏掉重要环节。

(四)问卷法

问卷法是调查人员运用统一设计的问卷向被调查者了解情况、收集资料的一种调查方法。问卷是研究者按照一定目的编制的，对于被调查者的回答，研究者可以不提供答案，也可以提供备选答案。问卷法的优点是能在短时间内调查很多研究对象，取得大量资料，经济、省时；缺点是被调查者可能由于记忆错误或保护隐私等原因对问题作出虚假或错误的回答，这就需要调查人员做好问卷设计工作，并要有敏锐的洞察力。

第三节　统计调查方案

统计调查工作的内容复杂、工作量大，要求调查资料准确、及时和完整。为了使调查工作能顺利、有序地完成，必须在调查工作开始之前制订出一个周密的调查方案，对整个阶段的工作进行统筹考虑、合理安排，保证统计调查工作的效率和质量。

设计统计调查方案应该按照图 2-1 中的程序进行。

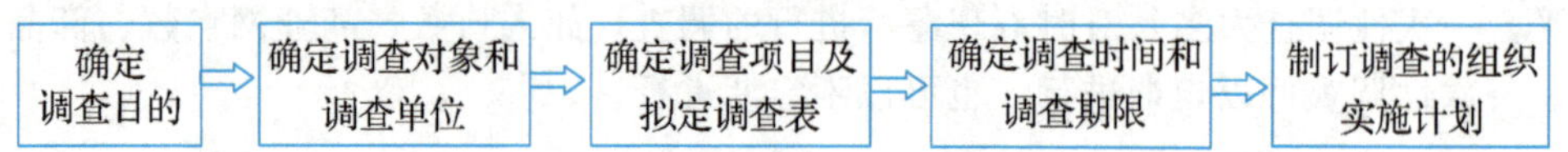

图 2-1　统计调查方案的设计程序

一、确定调查目的

统计调查是为一定的统计研究任务服务的。开展统计调查工作，首先要确定的就是调查目的。确定了调查中要研究解决的问题和要取得的资料，才可以有的放矢，确定调查范围、形式和内容。例如，2023 年 5 月在国家统计局网站上公布的农民工监测方案中，明确了该次调查的目的是反映农民工数量、流向、结构、就业、收入、生活、社会保障及创业等情况，从宏观上把握农民工发展变化情况，为科学制定农民工政策、加强和改善农民工工作提供统计依据。

二、确定调查对象和调查单位

统计调查的目的确定以后，就可以进一步确定调查对象和调查单位。确定调查对象和调查单位，就是为了回答“向谁调查”“由谁来具体提供资料”的问题。调查对象就是根据调查目的所确定的统计总体，是由许多性质相同的调查单位组成的。调查单位是进行调查登记的标志值的承担者。

调查单位同填报单位要区别开来。填报单位是填写调查内容、提供资料的单位。它可以是一定的部门或单位，也可以是调查单位本身，根据调查对象的特点和调查任务的要求确定。例如，进行工业设备普查，调查单位是各种单台设备，填报单位是工业企业；而如果进行工业普查，则每个工业企业既是调查单位，又是填报单位。

想一想

如果对某城市所有大学生的健康状况进行调查，调查对象和调查单位分别是什么？

三、确定调查项目及拟定调查表

（一）确定调查项目

调查项目就是调查的具体内容。调查项目可以是调查单位的数量特征，如一个企业的产量、产值等；也可以是调查单位的某种属性或品质特征，如一个企业所属的行业类别等。

调查项目拟定时需注意以下几个方面：①是实现调查目的所必需的；②能够得到确定答案，无法取得资料的项目不能列入；③所列各个调查项目之间应该彼此联系，以便于有关项目相互核对，从不同的角度说明调查对象的特征；④有确切的含义和统一的解释，对于不易理解的项目需要加以注释，规定定义或统一标准。

（二）拟定调查表

调查项目确定后，就要将这些调查项目科学地分类排队，并按一定顺序列在表格上，这种供调查使用的表格就是调查表。统计调查工作的工作量巨大、系统性要求较高，使用调查表有助于顺利完成调查工作。

调查表一般分为单一表和一览表两种。单一表是将一个调查单位的调查内容填列在一份表格上的调查表。它可以容纳较多调查项目，便于分类整理和汇总审核。一览表是将许多个调查单位和相应的项目按次序登记在一张表格里的调查表。它的优点是便于合计和核对差错，缺点是不适用于调查项目较多的情况。

调查表一般都有填表说明。填表说明的主要内容应该包括调查项目的内容解释、填写方法及填表时应注意的事项。

四、确定调查时间和调查期限

（一）确定调查时间

调查时间是调查资料所属的时间，即调查资料所反映的社会经济现象客观存在的时间。如果调查的是时期现象，就要规定资料所反映的起止日期。例如，要调查某年的产品产量，起止时间就是从当年的 1 月 1 日开始到当年的 12 月 31 日。如果调查的是时点现象，就要规定统一的时点。例如，第五次全国经济普查所规定的标准调查时点是 2023 年 12 月 31 日。

（二）确定调查期限

调查期限是进行调查工作所要经历的时间，即为了完成某项调查任务所需要的全部时间。第五次全国经济普查的登记时间为 2024 年 1 月 1 日至 4 月 30 日。为了保证调查资料的及时性，任何调查都应缩短调查期限。

五、制订调查的组织实施计划

调查的组织实施计划是从组织上保证调查工作顺利进行的重要条件。其主要内容应包括：①建立调查工作的组织领导机构；②确定调查前的准备工作，包括宣传教育、人员培训、文件准备、调查方案的传达布置、经费预算和开支办法等；③制订调查工作的检查、监督方法；④确认调查成果的公布时间等。

第四节　统计调查组织形式

统计调查组织形式是指组织统计调查、收集统计资料的方式和方法。由于信息是多方面和多角度的，为了从多方面和多角度了解信息，就必须采用不同的组织方式。

社会经济统计调查组织形式主要有统计报表和专门调查。其中，专门调查又可分为普查、重点调查、典型调查、抽样调查。为了获取准确、完整的统计资料，应选择合适的统计调查组织形式，并注意各调查组织形式间的相互结合运用，以形成科学、实用的调查体系。

统计调查组织形式，如图 2-2 所示。

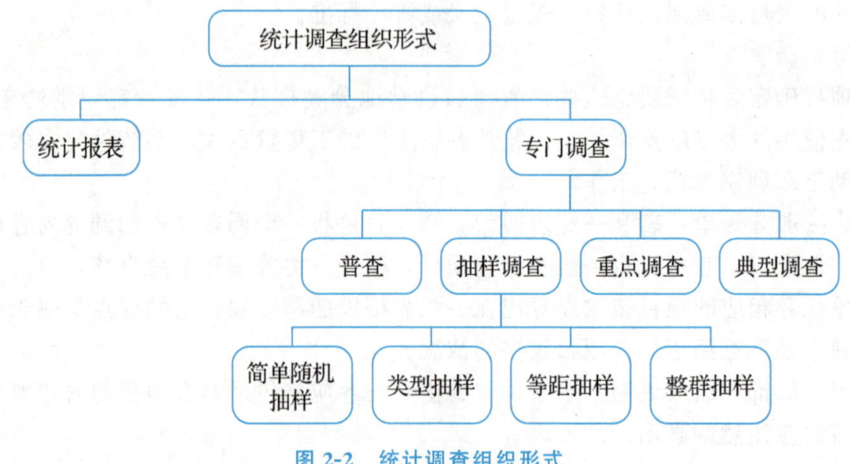

图 2-2　统计调查组织形式

一、统计报表

(一)统计报表的概念

统计报表是按照我国相关法律的规定，以统一的表格形式、统一的指标内容、统一的报送程序和时间，自上而下地统一布置统计调查任务，由填报单位自下而上地逐级、定期地提供统计资料的一种统计调查组织方式。统计资料以原始资料为填报依据，实施范围广泛，调查内容和调查周期相对稳定。统计报表是我国统计调查中取得国民经济和社会发展情况基本统计资料的一种重要手段。

(二)统计报表的种类

1. 全面统计报表和非全面统计报表

按调查范围不同，统计报表可分为全面统计报表和非全面统计报表。全面统计报表要求调查对象中的每一个单位都要填报，非全面统计报表只要求调查对象的一部分单位填报。

2. 基层统计报表和综合统计报表

按填报单位不同，统计报表可分为基层统计报表和综合统计报表。基层统计报表是由基层企事业单位填报的报表，综合统计报表是由国家各级统计部门和业务主管部门根据基层报表逐级汇总填报的报表。综合统计报表主要用于收集全面的基本情况，也常被重点调查等非全面调查所采用。

按报送周期长短不同，统计报表可分为日报、旬报、月报、季报、半年报和年报。日报和旬报又可称为进度报表，主要用于反映生产、工作的进展情况；月报、季报、半年报主要用来掌握国民经济和社会发展的基本情况，检查各月、季、年的生产工作情况；年报是每年上报一次，主要用来全面总结全年经济活动的成果，检查年度国民经济计划的执行情况等。

按内容和实施范围不同，统计报表可分为国家统计报表、部门统计报表和地方统计报表。国家统计报表是国民经济基本统计报表，由国家统计部门统一制发，用以收集全国性的经济和社会基本情况，包括农业、工业、基建、物资、商业、外贸、劳动工资、财政等方面最基本的统计资料；部门统计报表是为了适应各部门业务管理需要而制定的专业技术报表；地方统计报表是针对地区特点而补充制定的地区性统计报表，为本地区的计划与管理服务。

二、专门调查

专门调查是指对一些专门问题进行的调查。例如，人口普查专门调查人口，农业普查专门调查农业。

专门调查包括普查、抽样调查、重点调查和典型调查。

(一)普查

1. 普查的概念

普查是为了获得某种现象的总体资料，而专门组织的一次性全面调查，如人口普查、工业普查、农业普查、物资库存普查、耕地面积普查等。普查一般是调查属于一定时点上的社会经济现象的总量，目的在于掌握特定社会经济现象的基本情况。世界各国为了了解本国国情和制定经济计划与管理政策，都会定期进行各种普查，如我国进行的全国人口普查、全国工业普查等。

很多社会经济现象，如人口、耕地面积、工业设备等情况不需要也不必要进行经常性的全面调查，但国家和管理者又必须掌握这方面详细的资料，而普查就能解决这个问题。普查是一种其他方式不可替代的重要调查方式。

2. 普查的特点

(1)普查是一次性的定期调查。由于普查涉及面广、调查单位多，需要耗费大量的人力、物力和财力，通常需要间隔较长的时间。例如，我国的人口普查从 1953 年至 2020 年共进行了七次。

(2)普查一般要规定统一的标准时点。为了避免调查时因情况变动而产生重复登记或遗漏现象，在对被调查对象登记时必须依据统一的时点。例如，我国第七次人口普查的标准时点是 2020 年 11 月 1 日零时。

(3)普查是专门组织的调查。普查得到的数据一般较为准确，规范化程度较高，能为抽样调查或其他调查提供基本依据。

(4)规定普查项目和指标。普查必须按照规定的项目进行登记，不准任意改变或增删，以免影响汇总结果，降低资料质量。同一种调查，每次调查的项目和指标应力求一致，以便于进行历次调查资料的对比分析和观察社会经济现象发展变化情况。

相关链接

第五次全国经济普查正式登记全面启动

2024 年 1 月 1 日，第五次全国经济普查正式登记全面启动，这是党的二十大胜利召开后首次国民经济“全面体检”和“集中盘点”，对于全面摸清我国经济发展状况，准确把握新时代高质量发展进程，推动全面建设社会主义现代化国家开好局、起好步，具有重要而深远的意义。我国经济普查的历史可以追溯到 1950 年的全国工矿企业普查。经济普查每 5 年进行一次，标准时点为普查年份的 12 月 31 日，普查时期资料为普查年份的年度资料。我国已在 2004 年、2008 年、2013 年和 2018 年分别开展了四次全国经济普查。

第五次全国经济普查的目的是统筹开展投入产出调查，全面调查我国第二产业和第三产业的发展规模、布局和效益，摸清各类单位的基本情况，掌握国民经济行业间的经济联系，客观反映推动高质量发展、构建新发展格局、建设现代化经济体系等方面的新进展。本次全国经济普查在沿袭此前四次普查的基础上，呈现出许多新的变化和特点。这些变化不仅反映了普查工作的与时俱进，更体现了国家对于经济数据采集和应用的深度思考。

在内容上，第五次全国经济普查新增了对平台经济、数字经济等“三新”经济的普查内容。具体而言，“三新”经济是以新产业、新业态、新商业模式为核心内容的经济活动的集合。新产业指应用新科技成果、新兴技术而形成一定规模的新型经济活动；新业态指顺应多元化、多样化、个性化的产品或服务需求，依托技术创新和应用，从现有产业和领域中衍生叠加出的新环节、新链条、新活动形态；新商业模式指为实现用户价值和企业持续盈利目标，对企业经营的各种内外要素进行整合和重组，形成高效并具有独特竞争力的商业运行模式。把数字经济、平台经济等“三新”经济作为普查内容，可以更好地反映这些产业的规模、结构和特点。这为我国把握经济发展新趋势，制定适应新经济发展的政策提供了重要依据。

第五次全国经济普查的流程：2023 年 1—9 月制定普查方案，6—7 月普查区划分及绘图，6—8 月和 11—12 月进行普查指导员和普查员的选聘和培训，7—8 月编制清查底册，8—12 月实施单位清查；2024 年 1—4 月进行普查登记，1—8 月普查数据检查、审核及验收，6—7 月普查数据质量抽查，8—12 月普查数据汇总、评估、共享与发布；2024 年 7 月—2026 年 12 月普查资料开发。

(二)抽样调查

1. 抽样调查的概念和特点

(1)抽样调查的概念。抽样调查是按照随机原则，从总体中抽取部分实际数据进行调查，并运用概率估计方法，根据样本数据推算总体相应的数量指标的一种统计分析方法。

(2)抽样调查的特点。

①调查样本是按随机的原则抽取的，在总体中每一个单位被抽取的机会是均等的，因

此代表性强，能够保证被抽中的单位在总体中均匀分布，不致出现倾向性误差。

②调查样本是以抽取的全部样本单位作为一个“代表团”，用整个“代表团”来代表总体，而不是用随意挑选的个别单位代表总体。根据数理统计的原理，抽样调查中样本指标和对应总体指标之间存在内在联系，而且两者误差分布也是有规律可循的。

③抽样调查的误差在调查前就可以根据调查样本数量和总体中各单位之间的差异程度进行计算，并控制在允许范围以内，调查结果的准确程度较高。同时，抽选的调查样本数量是根据调查误差的要求，经过科学的计算确定的，在调查样本的数量上有可靠的保证。

综上所述，抽样调查被公认为非全面调查方法中用来推算和代表总体的最完善、最有科学依据的调查方法。

2. 抽样调查的适用范围

(1)对一些不可能或没有必要进行全面调查的客观现象，可以采用抽样调查。这些现象包括那些具有破坏性的产品质量检验，如灯泡、显像管的使用时长测试，轮胎的里程试验。适用抽样调查的还可以是那些因总体范围过大，在实际中很难或没有必要进行全面调查的现象，如估计水库里的鱼苗数、森林里木材的蓄积量等。

(2)对普查资料进行必要的修正可使用抽样调查。全面调查涉及面广、工作量大，难免出现纰漏。通常在完成全面调查后，要做一次小规模的抽样调查，将抽样的结果和原来的资料进行核对，计算出差错比率，再据此进行修订。

(3)抽样调查可以用于工业生产过程的质量控制。抽样方法不仅应用于对现象结果的核算和估计，还可以在生产过程中发挥经常性的检查和控制作用。

(4)抽样调查可以对总体的某种假设进行检验，以决定行动策略。例如，检验新工艺的改进是否取得显著效果，可以采用抽样的方式先进行检验，再根据检验的结果作出决策。

3. 抽样调查的组织方式

(1)简单随机抽样。简单随机抽样是按随机原则直接从总体中抽取样本单位，保证总体中每个单位在抽选时都有同等的中选机会。这种组织方式最简单。

(2)类型抽样。类型抽样是先按某一标志将总体的各单位进行分类，然后再从各类中按随机原则抽选样本单位进行调查。这种组织方式代表性强，抽样误差小。

(3)等距抽样。等距抽样是事先将总体中的所有单位按某一标志进行排列，然后依照固定顺序和间隔来抽取样本单位。这种组织方式可使样本单位比较均匀地分布在总体各个部分，抽样效果较好。

(4)整群抽样。整群抽样是先将总体各单位划分成许多群，然后以群为单位从中随机抽取部分群，对抽中群的所有单位进行全面调查。这种组织方式的优点是样本单位较集中，便于组织工作；缺点是误差较大，代表性低。

抽样调查的组织方式取决于调查研究的目的，以及调查对象的特点和客观条件。在实际工作中，需要注意各组织方式的相互结合，在抽样设计时除了要考虑满足预期精确度的要求，也要综合考虑经济性、时效性、可靠性等其他方面的因素。

想一想

抽样调查的优点很多，在实践中能否在任何情况下都采用抽样调查？

(三)重点调查

重点调查是指在全体调查对象中选择一部分重点单位进行调查，以取得统计数据的一种非全面调查方法。虽然重点单位数目不多，但其调查的标志总量在总体中却占较大的比重，因而对这部分重点单位进行调查所取得的统计数据能够反映社会经济现象发展变化的基本趋势。例如，要了解我国钢铁企业的发展情况，只要对宝武集团、鞍钢、首钢等一些大型钢铁企业进行调查即可。因为这些企业数量虽不多，但它们的钢产量却占全国钢产量的绝大部分。这种调查就属于重点调查。

重点调查的特点是投入小、调查速度快、所反映的主要情况或基本趋势比较准确。在进行重点调查时，重点单位的选择有客观标准，要着眼于它所占研究现象主要标志总量的比重。由于重点单位比较少，调查项目可以多一些，以便更详细地了解一些内容。

根据重点调查的特点，其主要作用在于反映调查总体的主要情况或基本趋势。因此，重点调查通常用于不定期的一次性调查，但有时也用于经常性的连续调查。

想一想

如果某企业因技术领先、管理先进等原因被列为重点单位进行调查，但其主要标志值在总体标志总量中所占比重不大，在重点调查时该企业是否可被列为重点单位？

(四)典型调查

典型调查是指根据调查研究的目的，在若干同类调查对象中选取一个或几个有代表性的对象进行系统、周密的调查研究，从而认识这一类对象的本质特征、发展规律，找出有价值的经验和值得借鉴的教训。

典型调查的优点是了解的事物生动具体、资料详尽，对问题的研究深入细致，调查方法灵活多样，可以长期蹲点，深入实际、直接观察，也可以开调查会或个别访问；缺点是在选择调查单位时，会受人的主观意志的影响。典型调查可以估计总体，但无法检验其正确性，是一种非全面调查。

典型调查分为两种：一种是对个别典型单位进行调查研究，称为“解剖麻雀式”的调查。通过对典型单位的深入了解，可以总结经验教训，研究新生事物，揭示同类现象的共性。另一种是“划类选典式”的调查。这种典型调查是先对总体进行分类，然后在各类中有意识地选取一定数量的典型单位构成典型总体，用典型总体的指标粗略估计整个总体的指标。例如，可将机械行业划分为专用设备制造业、通用设备制造业、港口机械制造业和船舶集装箱制造业几类，然后在这些细类中再选取典型企业。

第五节 调查资料的检查

一、统计调查误差的概念和种类

(一)统计调查误差的概念

统计调查误差是指调查结果所得的统计数字与调查总体实际数量的差别。

(二)统计调查误差的种类

根据误差产生的原因，可将统计调查误差分为登记性误差和代表性误差。

1. 登记性误差

登记性误差是由于错误登记事实而发生的误差。不论全面调查还是非全面调查，都可能产生登记性误差。

登记性误差可分为偶然登记误差和系统登记误差。偶然登记误差是由于调查人员在登录、计算、抄报、汇总时失误或被调查人员回答有误。这类误差不具有倾向性，在对大量调查资料进行整理时，通常会互相抵消。系统登记误差可能是由于计量手段的局限性，如测量工具不精确而产生数据偏大或偏小；也可能是由于被调查者因人为因素干扰而有意虚报或瞒报。系统登记误差对于调查结果的统计指标值影响较大，应予以特别重视。

2. 代表性误差

在进行非全面调查时，由于只对总体的一部分单位进行观察，并用这部分单位算出的指标去估计总体的指标，而这部分单位不能完全反映总体的性质，同总体的实际指标会有所差别，这种差别就是代表性误差。代表性误差只存在于非全面调查。

特别提示

登记性误差又称为可避免误差，随着调查人员素质的提高，这种误差会非常小；代表性误差是由于部分不能代表总体造成，是不可避免的，只能在抽样时尽可能选择科学的方法，使样本结构接近总体结构。

二、统计调查误差的防止

为了取得准确的统计资料，必须采取各种措施，防止可能出现的各种登记性误差，并将其尽可能降低。针对调查人员的无意误差，可在调查开始前，对调查人员进行严格挑选和培训；针对调查人员的有意误差，应加强监督、检查和回访，防止调查人员有意误导、欺骗被调查人员。针对被调查人员的误差，应设计逻辑周密的问卷并详细解释，以消除被调查人员的无意误解；通过确保匿名、保密及鼓励等手段，以消除被调查人员的疑虑，从而避免有意误差。

关于代表性误差的防止，如果是采用重点调查和典型调查结果估计总体，调查前应广泛征求有关方面的意见，使选出的调查单位具有较高的代表性；如果是采用抽样调查，则应严格遵守随机原则，通过选择适当的抽样调查方式，将误差控制在一定范围内。

想一想

通过人为努力可以消除哪些误差？不能消除哪些误差？

数说统计

SPSS 中的变量类型

SPSS 可以细分为 8 种变量类型，分别为数值、逗号、点、科学计数法、日期、美元、设定货币和字符串，如图 2-3 所示。其中，数值、逗号、点、科学计数法、美元、设定货币统称为数值型变量。

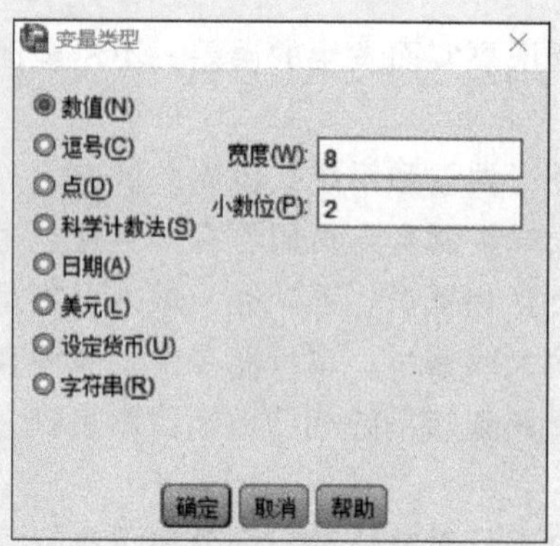

图 2-3　变量类型

1. 数值

数值型，同时定义数值的宽度，即“整数部分＋小数点＋小数部分的位数”，默认为8位；定义小数位数，默认为2位。

2. 逗号

加逗号的数值型，即整数部分每3位数加1个逗号，其余定义方式同数值型。例如，“12345”显示为“12,345”。

3. 点

加点的数值型，无论数值大小，均以整数形式显示，每3位加1个小点(不是小数点)，可定义小数位置，但都显示“0”，且小数点用逗号表示。例如，“12345.12”显示为“12.345,12”

4. 科学计数法

科学计数型，同时定义数值宽度和小数位数，在数据管理窗口中以指数形式显示。

5. 日期

日期型，用户可以从系统提供的日期显示形式中选择需要的形式。

6. 美元

货币型，用户可以从系统提供的日期显示形式中选择自己需要的形式，并定义数值宽度和小数位数，显示形式为数值前有“$”。

7. 设定货币

常用型，显示为整数部分每3位加1个逗号，用户可以定义数值宽度和小数位数。

8. 字符串

字符型，变量值是一串字符，用户可以定义字符长度以便输入字符。字符串变量中的大小写是被区分的，不能参与算术运算。

实训项目

项目名称：食堂伙食调查。

实训目的：培养调查方案与调查问卷的设计能力和收集处理信息的能力。

实训步骤：

1. 确定调查项目，编制调查问卷表。

2. 分成若干小组，开展调查。

3. 整理资料并完成调查报告。

课后练习

一、判断题

1. 全面调查和非全面调查是根据调查结果所得到的资料是否全面来划分的。（　　）

2. 对某市大学生的生活费用进行调查，要求在一个月内报送调查结果。所规定的“一个月”是调查时间。（　　）

3. 我国人口普查的总体单位和调查单位都是每一个人，而填报单位是“户”。（　　）

4. 采用重点调查收集资料时，选择的调查单位是标志值较大的单位。（　　）

5. 重点调查与抽样调查的目的是一致的，即都是通过对部分单位的调查来认识总体数量特征。（　　）

二、单项选择题

1. 对一批商品进行质量检验，最适宜采用的调查方法是（　　）。

A. 全面调查　　B. 抽样调查　　C. 典型调查　　D. 重点调查

2. 下列调查中，调查单位与填报单位一致的是（　　）。

A. 企业设备调查　　B. 人口普查

C. 农村耕地调查　　D. 工业企业现状调查

3. 抽样调查的主要目的是（　　）。

A. 计算和控制抽样误差　　B. 推断总体数量

C. 对调查单位进行深入研究　　D. 广泛运用数学方法

4. 下列项调查中，属于全面调查的是（　　）。

A. 对某种连续生产的产品质量进行检验　　B. 某地区对工业企业设备进行普查

C. 对钢铁生产的重点单位进行调查　　D. 抽选部分地块进行农产量调查

5. 某市规定 2023 年工业经济活动成果年报呈报时间是 2024 年 1 月 31 日，则调查期限为（　　）。

A. 1 天　　B. 1 个月　　C. 1 年　　D. 1 年零 1 个月

三、填空题

1. 调查表有__________和__________两种形式。

2. 按调查对象范围不同，统计调查可分为__________和__________。

3. 抽样调查中的样本是________选取的，典型调查中的典型单位是________选取的。

4. 专门调查主要有__________、__________、__________和__________四种形式。

5. 由调查人员通过口头、书面等方式向被调查者了解情况，取得第一手统计资料的方法称为__________法。

第三章　统计资料的初步分析

知识目标

(1)了解资料的审核与筛选的方法。
(2)掌握不同类型资料的整理。
(3)掌握统计图、统计表的制作。

能力目标

(1)能对收集到的资料进行审核、筛选和汇总。
(2)能够选择分组方法，并对数据进行分组。
(3)能以恰当的图表来展示不同类型的数据。

素质目标

(1)通过对现实问题的数据进行整理，培养高度的社会责任感和使命感。
(2)通过对数据进行分组，培养一丝不苟的工匠精神。

知识体系

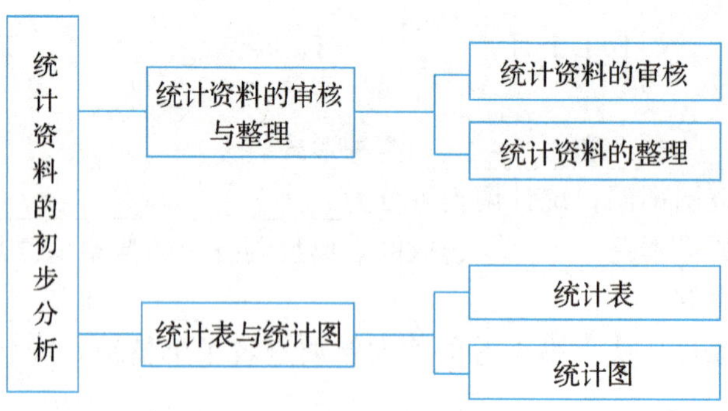

案例引入

根据2023年5月至2024年5月我国煤炭进口数量和当月增速计算的数据整理得出煤炭进口月度趋势，如图3-1所示。

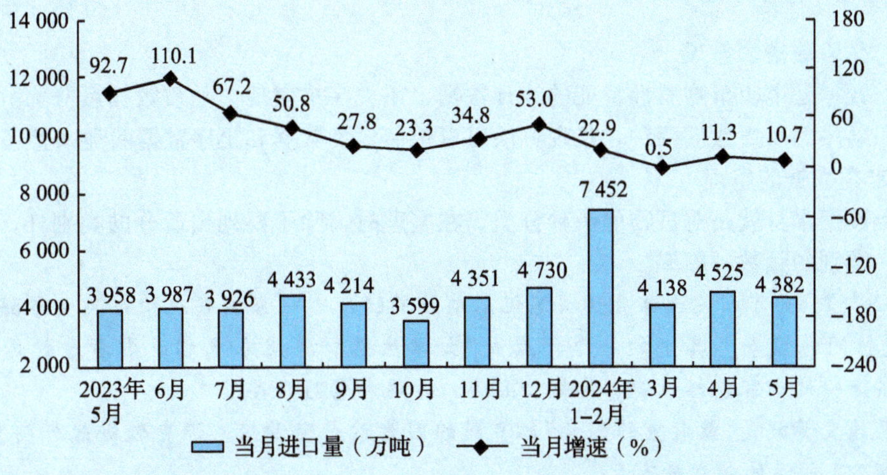

图3-1　2023年5月—2024年5月煤炭进口月度趋势

通过煤炭进口趋势图可以看出，2023年煤炭进口量总体趋势较为平稳，12月为煤炭进口量最高的月份；2024年1月至2月的总进口量为7 452万吨。从煤炭进口增速来看，2023年5月至2024年5月，增速的总体趋势呈下降状态，2023年6月同比增速最高，2024年3月同比增速最低。

通过调查获得数据之后，就要根据研究的目的与要求，对所收集到的大量、零星、分散的原始资料进行科学加工与综合，使之系统化、条理化、科学化。通过整理可以大大简化数据，使其更易被理解和分析。

第一节　统计资料的审核与整理

一、统计资料的审核

资料审核的目的是保证资料的准确性，尽可能地缩小调查误差。审核时要考虑数据的来源，从不同渠道取得的统计数据，其审核内容和方法有所不同。

通过直接调查取得的数据，只需审核数据的完整性和准确性。完整性审核主要是检查应调查的单位是否全部调查，应填写的项目或指标是否填写齐全。准确性审核主要看数据资料是否符合实际，有没有明显的逻辑错误；数值型数据是否有计算错误。

通过其他渠道取得的第二手资料，应审核数据的完整性、准确性、适用性和时效性。第二手资料是他人为特定目的而取得的，使用这些数据前应明确公布数据的机构、公布的时间，以及数据的计算口径和相关的背景材料，然后再确定这些数据是否符合自身分析研究的需要。

对审核过程中发现的错误应尽可能地予以纠正。调查结束后，当数据中发现的错误不能予以纠正，或者有些数据不符合调查的要求而又无法弥补时，就需要对数据进行筛选。数据筛选包括两方面内容：一是将某些不符合要求的数据或有明显错误的数据予以剔除；二是将符合某种特定条件的数据筛选出来，对不符合特定条件的数据予以剔除。

二、统计资料的整理

(一)品质数据的整理

品质数据是说明事物属性特征的统计数据，用文字来表现。品质数据可分为分类型品质数据和顺序型品质数据两种，整理方法可以按照定类数据和定序数据两类来整理。

1. 定类数据的整理

定类数据本身就是对事物的一种分类，在整理时，除了要列出所分的类别外，还要计算出每一类别的频数、频率。

【例3.1】 为了研究大学生购买笔记本电脑的情况，一家调查机构在某大学随机抽取200人进行问卷调查。其中的一个问题是“大学生选择笔记本电脑时最看重的因素是什么?”可供选择的内容包括性能、价格、品牌、外观和售后服务。

这里的变量就是“最看重的因素”，不同的因素就是变量值。调查数据经分类整理后，形成如表3-1所示的频数分布表。

表3-1 大学生选择笔记本电脑时最看重的因素的频数分布表

最看重的因素	人数/人	频率
性能	90	45.0%
价格	50	25.0%
品牌	45	22.5%
外观	10	5.0%
售后服务	5	25.0%
合计	200	100.0%

很显然，在选择笔记本电脑时，近五成的大学生将性能作为最看重的第一因素，然后是价格与品牌。经分类整理后，可以大大简化数据，既便于理解，也便于进行下一步分析。

特别提示

频数也称次数，是在各类别中的数据个数。频率是一个总体中各个部分的数量占总体数据的百分比，通常用于反映总体的构成或结构。

2. 定序数据的整理

定类数据的整理方法同样适用于对定序数据的整理。但有些适用于对定序数据的整理方法，却不适用于定类数据。对于定序数据，除了可以使用上面的整理与显示技术外，还可以计算累计频数和累计频率。

【例 3.2】　抽样调查某单位 20 人的受教育程度，结果如下所示。

大学，大学，中专，大学，高中，研究生，大学，研究生，高中，中专，
大学，研究生，大学，研究生，大学，研究生，高中，大学，大学，中专

以上数据是定类数据，可以按照受教育程度进行排序，统计出各个变量值出现的频数与频率，如表 3-2 所示。

表 3-2　某单位 20 人受教育程度的频数与频率分布

层次	频数/人	频率	向上累计		向下累计	
			频数/人	频率	频数/人	频率
中专	3	15%	3	15%	20	100%
高中	3	15%	6	30%	17	85%
大学	9	45%	15	75%	14	70%
研究生	5	25%	20	100%	5	25%
合计	20	100%	—	—	—	—

表 3-2 比频数分布表多了累计部分，其方法有两种：一是从定序数据开始一方向最后一方累加频数和频率(定距数据和定比数据则是从变量值小的一方向变量值大的一方累加频数)，称为向上累计；二是从定序数据的最后一方向开始一方累加频数和频率(定距数据和定比数据则是从变量值大的一方向变量值小的一方累加频数)，称为向下累计。通过累计频数和频率，可以很容易看出某一类别(或数值)以下及某一类别(或数值)以上的频数和频率之和。

特别提示

累计频数就是将各类别的频数逐级累加起来。累计频率就是将各类别的百分比逐级累加起来，也有向上累计和向下累计两种方法。

(二)数值型数据的整理

定类数据和定序数据的整理方法，都适用于对数值型数据的整理。但数值型数据还有一些特定的整理和图示方法，并不适用于品质数据。

数值型数据包括定距数据和定比数据，在整理时通常要进行数据分组。根据统计研究的需要，将数据按照某种标准化分成不同的组别。分组后计算出各组中出现的次数或频数，就形成了一张频数分布表。

分组的方法有单变量值分组和组距分组两种。

1. 单变量值分组

单变量值分组是把每一个变量值作为一组。这种分组方法通常只适合于离散型变量且变量值较少的情况。

【例 3.3】　某生产车间 50 名工人日加工零件数(单位：个)如下所示，采用单变量值对数据进行分组。

117　122　124　125　129　117　126　129　139　107　133　134　113　108　131　125　133
122　118　118　127　124　122　123　123　121　127　120　139　115　112　135　119　124
117　126　122　128　123　128　123　127　120　118　134　114　108　110　112　137

这些数据看起来非常杂乱，为了使这些数据更清晰一些，对它们进行排序。如果数据个数不太多，手工排序非常简单；但数据个数非常多时，手工排序就非常困难，需要依靠统计软件来做。

将以上数据进行排序后，结果如下。

107 108 108 110 112 112 113 114 115 117 117 117 118 118 118 119 120
120 121 122 122 122 122 123 123 123 123 124 124 124 125 125 126 126
127 127 127 128 128 129 129 131 133 133 134 134 135 137 139 139

统计各个值出现的频数了，如表3-3所示。

表3-3 某生产车间50名工人日加工零件数分组表

零件数/个	频数/人	零件数/个	频数/人	零件数/个	频数/人
107	1	119	1	128	2
108	2	120	2	129	2
110	1	121	1	131	1
112	2	122	4	133	2
113	1	123	4	134	2
114	1	124	3	135	1
115	1	125	2	137	1
117	3	126	2	139	2
118	3	127	3		

从表3-3可以看出，在数据较多的情况下，单变量值分组由于组数较多，不便于观察数据分布的特征和规律，而且对于连续变量无法采用这种分组方法。

2. 组距分组

在连续变量或变量值较多的情况下，可以采用组距分组。组距分组是将全部变量值依次划分为若干个区间，并将这一区间的变量值作为一组。

在组距分组中，一个组的最小值称为下限，最大值称为上限。

采用组距分组需要经过以下几个步骤。

第一步：确定组数。一组数据分多少个组，一般与数据本身的特点及数据的多少有关。由于分组目的之一是观察数据分布的特征，因此组数的多少应适中。若组数太少，数据的分布就会过于集中；而组数太多，数据的分布就会过于分散。这都不便于观察数据分布的特征和规律。组数的确定应以能够显示数据的分布特征和规律为目的。

在实际分组时，可以按以下公式来确定组数 K：

$$K=1+\frac{\lg n}{\lg 2}$$

式中，n 为数据的个数。对结果用四舍五入的办法取整数即为组数 K。在实际应用时，可根据数据的多少和特点及分析的要求，参考这一标准，灵活确定组数。

例如，对【例3.3】中的数据，$K=1+\lg 50\div\lg 2\approx 7$，即应分为7组。在实际应用时，根据需要，也可分为6组或8组。

第二步：确定各组的组距。组距是一个组的上限与下限之差，可根据全部数据的最大值和最小值及所分的组数来确定。

组距＝(最大值－最小值)÷组数

例如，对【例 3.3】中的数据，最大值为 139，最小值为 107，则组距＝(139－107)÷7＝4.6。为了便于计算，组距宜取 5 或 10 的倍数，而且第一组的下限应低于最小变量值，最后一组的上限应高于最大变量值，因此组距可取 5。

第三步：根据分组整理成频数分布表。采用组距分组时，一定要遵循“不重不漏”的原则。“不重”是指一个数据只能分在其中的某一组，不能在其他组中重复出现；“不漏”是指在所分的全部组别中每项数据都能分在其中的某一组，不能遗漏。

为了解决“不重”的问题，统计分组时习惯上规定“上组限不在内”，即当相邻两组的上下限重叠时，恰好等于某一组上限的变量值不算在本组内，而算在下一组内。

例如，对【例 3.3】中的数据进行分组，可得到频数分布表，如表 3-4 所示。

表 3-4　某生产车间 50 名工人日加工零件数频数

按零件数分组/个	频数/人	频率
105～110	3	6%
110～115	5	10%
115～120	8	16%
120～125	14	28%
125～130	11	22%
130～135	5	10%
135～140	4	8%
合　计	50	100%

例如，在表 3-4 中，“120”这一数值不计算在“115～120”这一组内，而计算在“120～125”这一组中，其余类推。对于离散型变量，可以采用相邻两组组限间断的办法解决“不重”的问题。

例如，对【例 3.3】中的数据做如下的分组，如表 3-5 所示。

表 3-5　某生产车间 50 名工人日加工零件数分组表

按零件数分组/个	频数/人	频率
105～109	3	6%
110～114	5	10%
115～119	8	16%
120～124	14	28%
125～129	11	22%
130～134	5	10%
135～139	4	8%
合　计	50	100%

在组距分组中，如果全部数据中的最大值和最小值与其他数据相差悬殊，为了避免出现空白组(即没有变量值的组)或个别极端值被漏掉，第一组和最后一组可以采用“××以下”及“××以上”这样的开口组，以解决“不漏”问题。

例如，在【例3.3】中的50个数据，假定将最小值改为94，最大值改为160，采用上面的分组就会出现“空白组”，这时可采用开口组，如表3-6所示。

表3-6　某生产车间50名工人日加工零件数分组表

按零件数分组/个	频数/人	频率
110以下	3	6%
110～115	5	10%
115～120	8	16%
120～125	14	28%
125～130	11	22%
130～135	5	10%
135以上	4	8%
合　计	50	100%

在组距分组时，如果各组的组距相等，则称等距分组，如上面的几种分组就是等距分组。有时对于某些特殊现象或为了特定研究的需要，各组的组距也可以是不相等的，则称不等距分组。例如，对人口年龄的分组，可根据人口成长的生理特点，分为0～6岁(婴幼儿组)、7～17岁(少年儿童组)、18～59岁(中青年组)、60岁以上(老年组)等。

等距分组由于各组的组距相等，各组频数的分布不受组距大小的影响。它同消除组距因素影响的频数密度(即单位组距内分布的频数，也称次数密度)的分布是一致的，因此可直接根据绝对频数来观察频数分布的特征和规律。而不等距分组因各组组距不同，各组频数的分布受组距大小不同的影响，因此各组绝对频数的多少并不能反映频数分布的实际状况。为了消除组距不同对频数分布的影响，需要计算频数密度。

频数密度＝频数÷组距

频数密度能准确反映频数分布的实际状况。

此外，组距分组掩盖了各组内的数据分布状况。为了反映各组数据的一般水平，通常用组中值作为该组数据的一个代表值。

组中值＝(下限值＋上限值)÷2

缺上限开口组组中值＝下限＋邻组组距÷2

但这种代表值有一个必要的假定条件，即各组数据在本组内呈均匀分布或在组中值两侧呈对称分布。如果实际数据的分布不符合这一假定，用组中值作为一组数据的代表值会有一定的误差。

第二节　统计表与统计图

一、统计表

(一)统计表的概念

统计表是把由统计调查所得来的原始资料，通过整理，使其成为得以说明社会现象及其发展过程的数据，并按一定顺序排列形成的表格。

(二)统计表的类型

统计表可分为广义的统计表和狭义的统计表两种。广义的统计表包括统计工作各阶段中所用的一切表格；狭义的统计表专指分析表和容纳各种统计资料的表格，即通常所说的统计表。狭义的统计表清楚、有条理地显示统计资料，并能直观地反映统计分析特征，是统计分析的重要工具。

(三)统计表的作用

统计表有以下几方面作用：①能使大量的统计资料系统化、条理化，因而能更清晰地表述统计资料的内容；②便于比较各项目(指标)之间的关系，便于计算；③采用统计表表述统计资料，显得紧凑、简明、醒目，使人一目了然；④易于检查数字的完整性和正确性。

(四)统计表的结构

从形式来看，统计表的构成要素包括总标题、横行标题、纵行标题和数字资料四个部分。总标题置于表的正上方，是统计表的名称，简明扼要地说明全表的基本内容。横行标题置于表的左端，是横行的名称，即总体各组名称，表示统计研究的对象。纵行标题置于表的右上端，是纵行的名称。横行标题与纵行标题的位置依据统计资料和列表的具体情况，有时可以互换。数字资料是指表格各格中按要求填写的数字。

(五)统计表的分类与设计规则

1. 统计表的分类

(1)简单表。简单表又称一览表，是指横行标题未经任何分组的统计表。简单表的横行标题一般按时间顺序排列，或者按个体的名称排列。它是对原始资料进行初步整理所采用的形式。

(2)简单分组表。简单分组表又称分组表，是指横行标题只用一个标志分组形成的统计表。运用简单分组表可以说明不同类型现象的特征，以揭示现象内部的结构，以便分析现象之间的相互关系。

(3)复合分组表。复合分组表又称复合表，是指横行标题按两个或两个以上标志进行分组的统计表。复合分组表可以通过更多的标志，对总体进行更深入的分析与研究。

2. 统计表的设计规则

由于使用者的目的及统计数据的特点不同，统计表的设计在形式和结构上会有较大差异，但设计上的基本要求则是一致的。从总体上看，统计表的设计应符合科学、实用、简练、美观的要求。具体来说，设计统计表时要注意以下几点。

(1)要合理安排统计表的结构，行标题、列标题、数字资料的位置应安排合理。由于强调的问题不同，行标题和列标题可以互换，但应使统计表的横竖长度比例适当，避免出现过高或过长的表格形式。

(2)表头一般应包括表号、总标题和表中数据的单位等内容。总标题应简明确切地概括出统计表的内容，一般需要表明统计数据的时间(When)、地点(Where)及何种数据(What)，即标题内容应满足"3W"要求。

(3)当表中只有一种计量单位时，可在表的右上端注明。若有几个计量单位时，横行的计量单位可专设"计量单位"一栏，纵栏的计量单位可与纵栏标题写在一起，用"/"标明。

(4)表中数字填写要整齐。表中的数据一般是右对齐，有小数点时应以小数点对齐，小数点的位数应统一。如遇相同数字必须照填，不能用"同上"或"同左"代替，无数字的空格要用"—"表示。如遇缺乏资料的空格时，要用"……"表示，填好的统计表不应出现空白单元格。

(5)统计表的表式为开口式，即表的左右两端不封闭(不画纵线)，列标题之间一般用竖线隔开，而行标题之间通常不必用横线隔开。表的上下端线通常用粗线或双线，表内如有两个或两个以上不同的内容，也要用粗线或双线隔开。

(6)借用他人数据资料时，统计表应加注解，说明资料出处。一般在统计表的下端注明"资料来源"。

二、统计图

(一)统计图的概念与结构

1. 统计图的概念

统计图是统计资料的一种表达方式。统计图可以简洁、直观地表示统计表中枯燥的数据，帮助使用者从众多的数据中发现规律，可以更迅速、更有效地传递信息，给人以明确而深刻的印象。

2. 统计图的结构

统计图一般包括以下几部分：①标题，包括图表标题、数值轴(x、y)标题；②坐标轴和网格线，坐标轴和网格线构造了绘图区的骨架，借助坐标轴和网格线，更容易读懂统计图；③图表区和绘图区，统计表的所有内容都在图表区内，包括绘图区，统计图绘制在绘图区内；④图例，用来标明图表中的数据系列，如果只有一个数据系列，就省略图例，如果有多个，可以用不同颜色、形状的图例来区别不同的数据系列。

(二)品质数据的图示

上一节用频数分布表示反映分类数据的频数分布。如果用图形来显示频数分布，就会更加形象和直观。一张好的统计图表，往往胜过冗长的文字表述。统计图的类型有很多，多数统计图除了可以绘制二维平面图外，还可以绘制三维立体图。图形的制作均可由计算机来完成。这里先介绍反映定类数据的图示方法，其中包括条形图和圆形图。如果两个总体或两个样本的分类相同且问题可比时，还可以绘制环形图。

1. 条形图

条形图是用宽度相同的条形的高度或长短来表示数据变动的图形。条形图可以横置或纵置，纵置时称为柱形图。条形图有单式、复式等形式。例如，根据表3-1中的数据绘制的条形图，如图3-2所示。

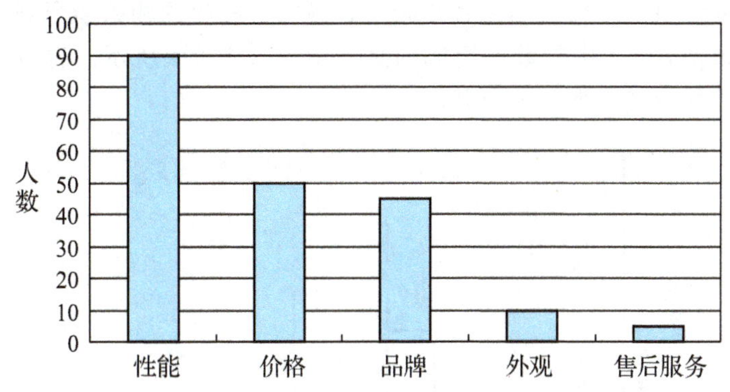

图 3-2　大学生选择笔记本电脑时最看重的因素的条形图

2. 圆形图

圆形图是用圆形及圆内扇形的面积来表示数值大小的图形。圆形图主要用于表示总体中各组成部分所占的比例，对于研究结构性问题十分有用。在绘制圆形图时，总体中各部分所占的百分比用圆内的各个扇形的面积表示，这些扇形的中心角度是按各部分百分比占360°的相应比例确定的。

根据表 3-1 中的数据绘制的圆形图，如图 3-3 所示。

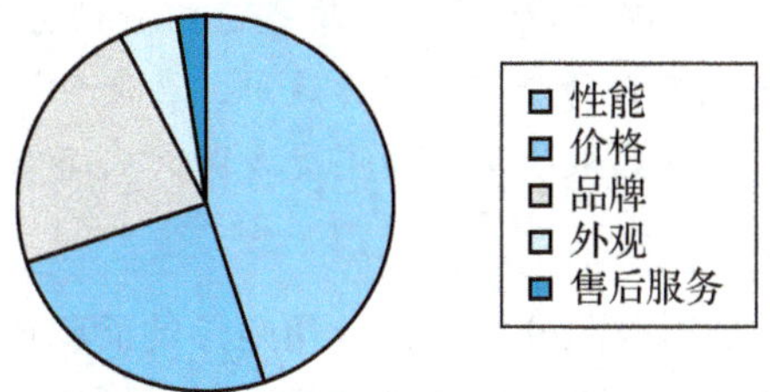

图 3-3　大学生选择笔记本电脑时最看重的因素的圆形图

3. 环形图

环形图与圆形图类似，但又有区别。环形图中间有一个“空洞”，总体中的每一部分数据用环中的一段表示。圆形图只能显示一个总体各部分所占的比例，而环形图则可以同时绘制多个总体的数据系列，每一个总体的数据系列为一个环。因此环形图可以显示多个总体各部分所占的相应比例，从而有利于进行比较研究。

(三)数值型数据的图示

条形图、圆形图和环形图都适用于显示定距数据和定比数据。对定距数据和定比数据还有以下一些图示方法，这些方法并不适用于定类数据和定序数据。

1. 分组数据：直方图和折线图

通过数据分组后形成的频数分布表，可以初步看出数据分布的一些特征和规律。例如，从表 3-4 中可以看出，某生产车间工人日加工零件数大多数在 120～125 个，低于这一水平的共有 16 人，高于这一水平的共有 20 人，可见这是一种非对称分布。如果用图形来表示这一分布的结果，会更加形象和直观。

显示分组数据频数分布特征的图形有直方图、折线图和曲线图等。

(1)直方图。直方图是用矩形的宽度和高度来表示频数分布的图形。在平面直角坐标中，横轴表示数据分组，纵轴表示频数或频率，各组与相应的频数就形成了一个矩形，即直方图。例如，根据表3-4中的数据绘成的直方图，如图3-4所示。直方图可以直观地看出工人日加工零件数及其人数的分布状况。

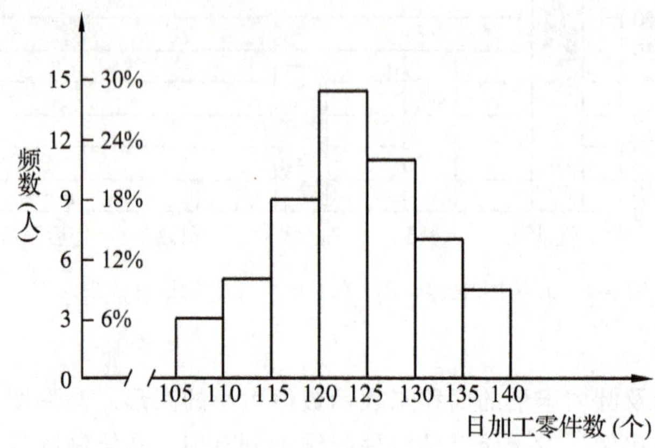

图3-4 某生产车间工人日加工零件数的直方图

特别提示

对于等距分组数据，可以用矩形的高度直接表示频数的分布。如果是不等距分组数据，用矩形的高度来表示各组频数的分布就不再适用。在这种情况下，可以用矩形的面积来表示各组的频数分布，或根据频数密度来绘制直方图，从而准确地表示各组数据分布的特征。

无论是等距分组数据还是不等距分组数据，用矩形的面积或频数密度来表示各组的频数分布都更为合适，因为这样可使直方图下的总面积等于1。例如，在等距分组中，矩形的高度与各组的频数呈比例，如果取矩形的宽度(各组组距)为1个单位，高度表示比例(即频率)，则直方图下的总面积等于1。在直方图中，实际上是用矩形的面积来表示各组的频数分布。

直方图与条形图不同，条形图是用条形的长度(横置时)表示各类别频数的多少，其宽度(表示类别)是固定的；直方图是用面积表示各组频数的多少，矩形的高度表示每组的频数或百分比，宽度则表示各组的组距，因此其高度与宽度均有意义。此外，由于分组数据具有连续性，直方图的各矩形通常是连续排列，而条形图则是分开排列。

(2)折线图。折线图也称频数多边形图。在直方图的基础上，把直方图顶部的中点(即组中值)用直线连接起来，再把原来的直方图抹掉就是折线图。需要注意的是，折线图的两个终点要与横轴相交，具体的做法是将第一个矩形顶部中点通过竖边中点(即该组频数一半的位置)连接到横轴，最后一个矩形顶部中点与其竖边中点连接到横轴。这样才会使折线图下所围成的面积与直方图的面积相等，从而使二者所表示的频数分布一致。例如，在图3-4的基础上绘制的折线图，如图3-5所示。

当数据所分的组数很多时，组距会越来越小，这时所绘制的折线图就会越来越光滑，逐渐形成一条平滑的曲线，这就是频数分布曲线。频数分布曲线在统计学中有着十分广泛的应用，是描述各种统计量和分布规律的有效方法。

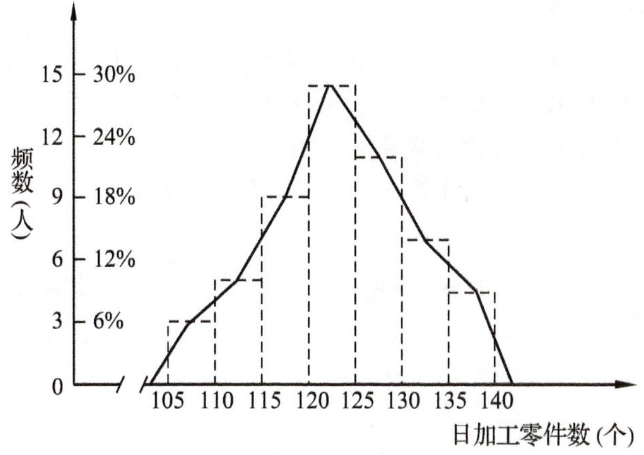

图 3-5 某生产车间工人日加工零件数的折线图

2. 未分组数据：茎叶图

通过直方图可以大体上看出一组数据的分布状况，但直方图没有给出具体的数值。茎叶图既能给出数据的分布状况，又能给出每一个原始数值。茎叶图由“茎”和“叶”两部分构成，其图形是由数字组成的。通过茎叶图，可以看出数据的分布形状及数据的离散状况，如分布是否对称、数据是否集中、是否为极端值等。

绘制茎叶图的关键是设计好树茎，通常是以该组数据的高位数值作为树茎。树茎一经确定，树叶就自然地长在相应的树茎上了。下面以【例 3.3】中的数据做茎叶图，如图 3-6 所示。

树茎	树叶	
10	7 8 8	3
11	0 2 2 3 4 5 7 7 7 8 8 8 9	13
12	0 0 1 2 2 2 2 3 3 3 3 4 4 4 5 5 6 6 7 7 7 8 8 9 9	25
13	1 3 3 4 4 5 7 9 9	9

图 3-6 某生产车间工人日加工零件数的茎叶图

上面的茎叶图显得过于拥挤，我们可以把它扩展。比如，可以将图扩展一倍，即每一个树茎重复两次，一次有记号“＊”，表示该行叶子上的数为 0～4，另一次有记号“·”，表示该行叶子上的数为 5～9，于是可得到图 3-7。

茎叶图所表现的数据分布特征与直方图十分类似。

树茎	树叶	
10	*	
10	·	7 8 8
11	*	0 2 2 3 4
11	·	5 7 7 7 8 8 8 9
12	*	0 0 1 2 2 2 2 3 3 3 3 4 4 4
12	·	5 5 6 6 7 7 7 8 8 9 9
13	*	1 3 3 4 4
13	·	5 7 9 9

图 3-7 某生产车间工人日加工零件数的茎叶图

3. 时间序列数据：线图

如果定距数据和定比数据是在不同时间上取得的，即时间序列数据，还可以绘制线图。线图是在平面坐标上用折线表现数量变化特征和规律的统计图。线图主要用于显示时间序列数据，以反映事物发展变化的规律和趋势。

【例3.4】 2014—2023年我国城乡居民可支配人均收入数据，如表3-7所示，试绘制线图。

表3-7 2014—2023年我国城乡居民人均可支配收入 单位：元

年份	城镇居民	农村居民
2014	28 844	10 489
2015	31 195	11 422
2016	33 616	12 363
2017	36 396	13 432
2018	39 251	14 617
2019	42 359	16 021
2020	43 834	17 131
2021	47 412	18 931
2022	49 283	20 133
2023	51 821	21 691

根据表3-7中的数据绘制的线图，如图3-8所示。

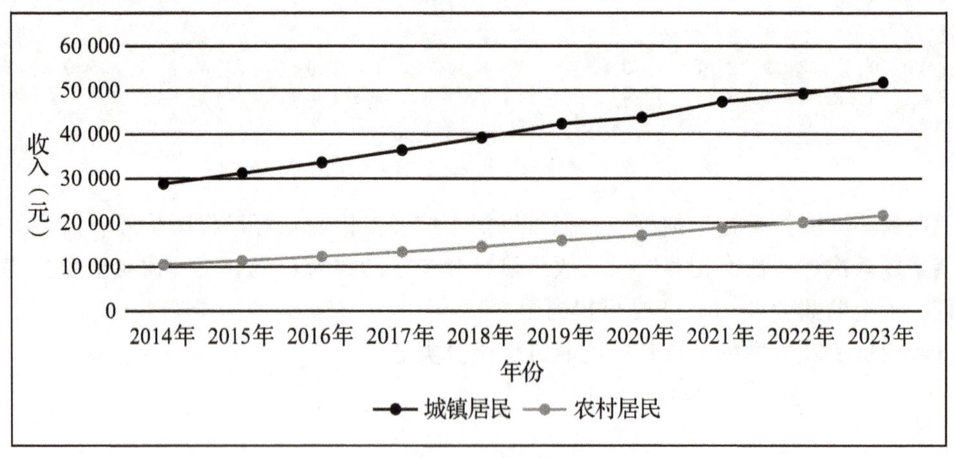

图3-8 城乡居民家庭人均收入

绘制线图时应注意以下几点：①时间一般绘在横轴，指标数据绘在纵轴；②图形的长宽比例要适当，一般应绘成横轴略大于纵轴的长方形，其长宽比例大致为10∶7，图形过扁或过于瘦高，不仅不美观，而且会给人造成视觉上的错觉；③一般情况下，纵轴数据下端应从“0”开始，以便于比较，数据与“0”之间的间距过大，可以采用折断的符号将纵轴折断。

数说统计

1. 用 Excel 绘制统计图

Excel 提供的统计图有多种，包括柱形图、条形图、折线图、饼图、散点图、面积图、环形图、雷达图、曲面图、气泡图、股价图、圆柱图、圆锥图等，各种图的做法大同小异。

第一步：把数据输入到工作表中，如图 3-9 所示。

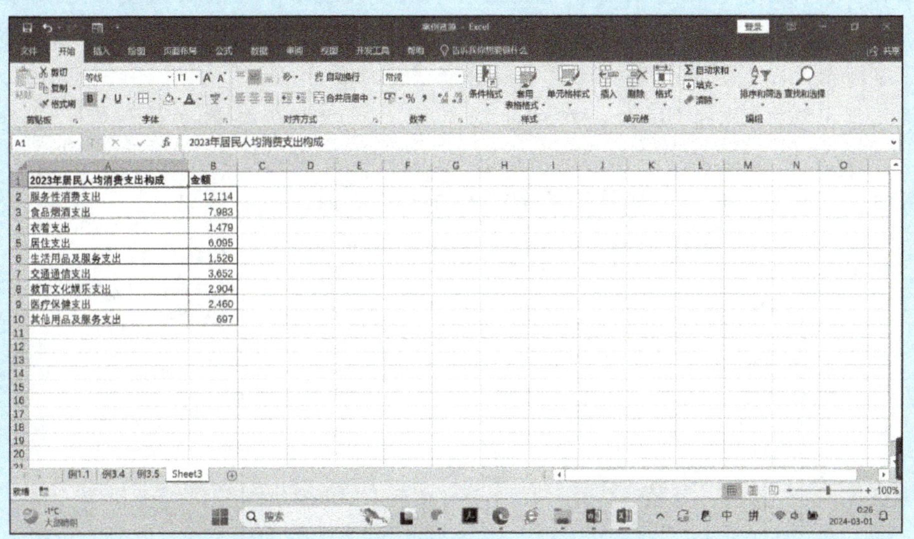

图 3-9　2023 年居民人均消费支出构成

第二步：选中需要做饼图的项目和数据值，单击菜单中的“插入”→“图表”，选择“所有图表”中的“饼图”，如图 3-10 所示。

第三步：在“所有饼图”中挑选好样式，双击该图，即可插入如图 3-11 所示的饼图。

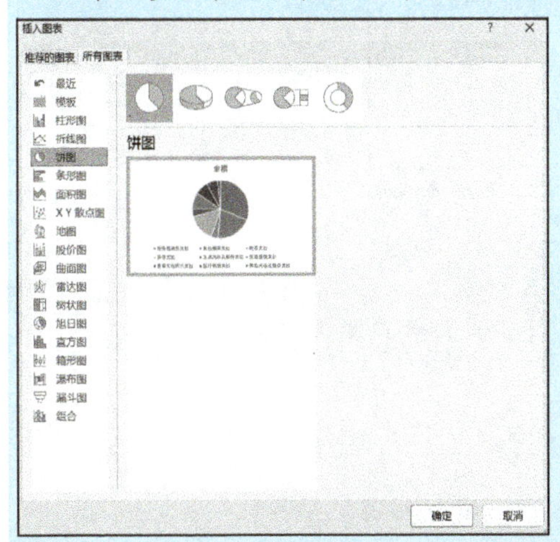

图 3-10　插入饼图

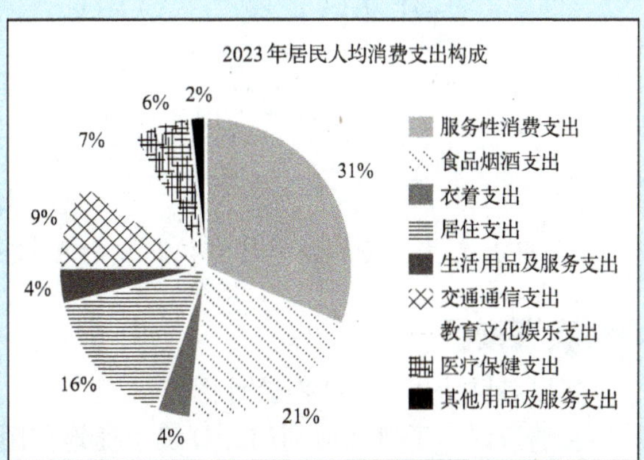

图 3-11　2023 年居民人均消费支出构成饼图

2. 家庭月收入的直方图绘制

某校大学生利用暑假时间，在某市开展一项家庭收入的调查，并根据调查数据进行直方图的绘制。

第一步：打开“图形”菜单，选择“旧对话框”命令下的“直方图”命令。

第二步：在该对话框中，在左边原变量中选择一个变量作为分析变量，进入“变量”列表框中。SPSS自动对分析变量进行频数分析，并根据各个频数分布段绘制直方图。直方图的横轴代表分析变量数据的频数区间，纵轴代表每个区间的频数。“显示正态曲线”复选框，选择该选项，SPSS将在频数分布图中绘制正态分布曲线，以方便将数据与正态分布进行比较，判断样本数据是否符合正态分布。

第三步：单击“标题”按钮，在该对话框中，可以定义条形图的标题、子标题和脚注。

第四步：单击“确定”，得到如图3-12所示的直方图。

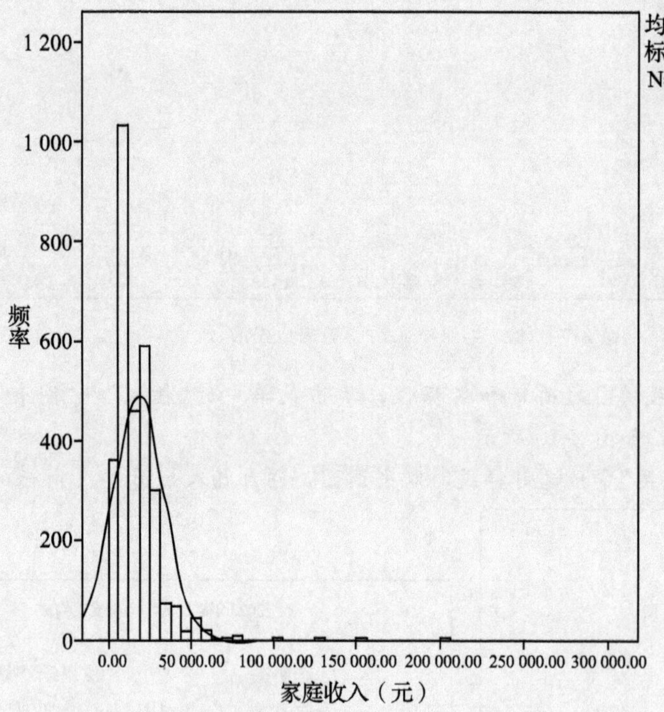

图 3-12　家庭收入直方图

采用上述类似的方法，还可以得到饼图、线图、箱图等其他统计图。

实训项目

项目名称：用Excel作统计图。

实训目的：了解如何利用计算机便捷地作图。

实训步骤：

1. 把50名工人的月产量资料输入工作表，如图3-13所示。

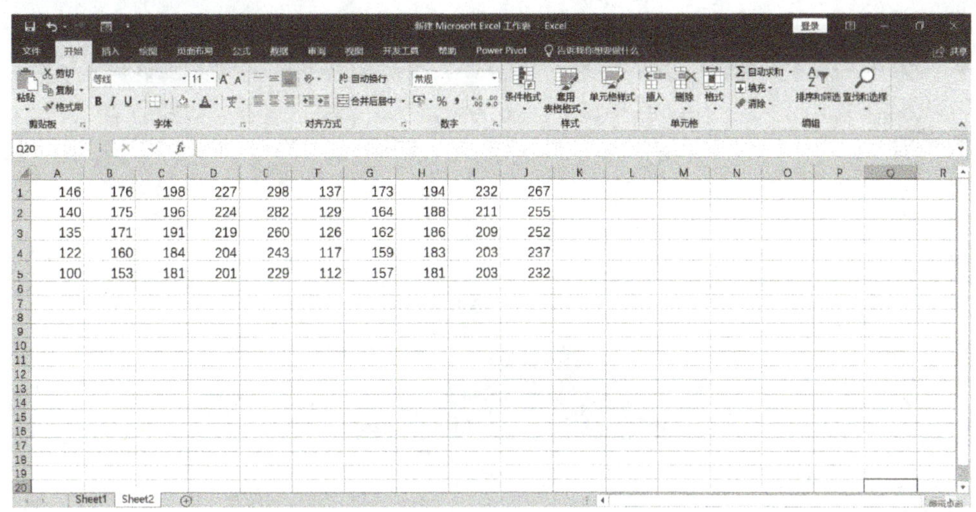

	A	B	C	D	E	F	G	H	I	J
1	146	176	198	227	298	137	173	194	232	267
2	140	175	196	224	282	129	164	188	211	255
3	135	171	191	219	260	126	162	186	209	252
4	122	160	184	204	243	117	159	183	203	237
5	100	153	181	201	229	112	157	181	203	232

图 3-13　工人月产量资料

2. 假定把分组标志输入到 A9：A15 单元格，只能输入每一组的上限值，即 130，160，190，220，250，280，310。

3. 在“工具”菜单中单击“数据”选项，选择“数据分析”选项。打开“直方图”对话框，选择输入区域、输出选项、图表输出，可以得到直方图；选择“累计百分率”，系统将在直方图上添加累计频率折线；选择“柏拉图”，可得到按降序排列的直方图。

4. 按“确定”按钮，结果如图 3-14 所示。

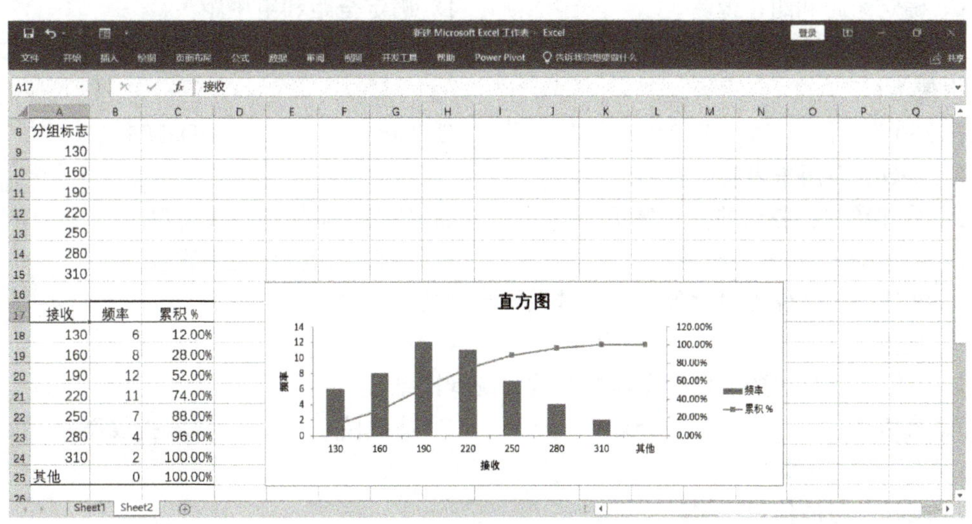

分组标志
130
160
190
220
250
280
310

接收	频率	累积 %
130	6	12.00%
160	8	28.00%
190	12	52.00%
220	11	74.00%
250	7	88.00%
280	4	96.00%
310	2	100.00%
其他	0	100.00%

图 3-14　频数分布和直方图

图 3-14 实际上是一个条形图，而不是直方图。若要把它变成直方图，可用鼠标右键单击任意一条，在弹出的快捷菜单中选择“设置数据系列”格式，将“间隙宽度”改为“0”，单击“确定”后即可得到直方图，如图 3-15 所示。

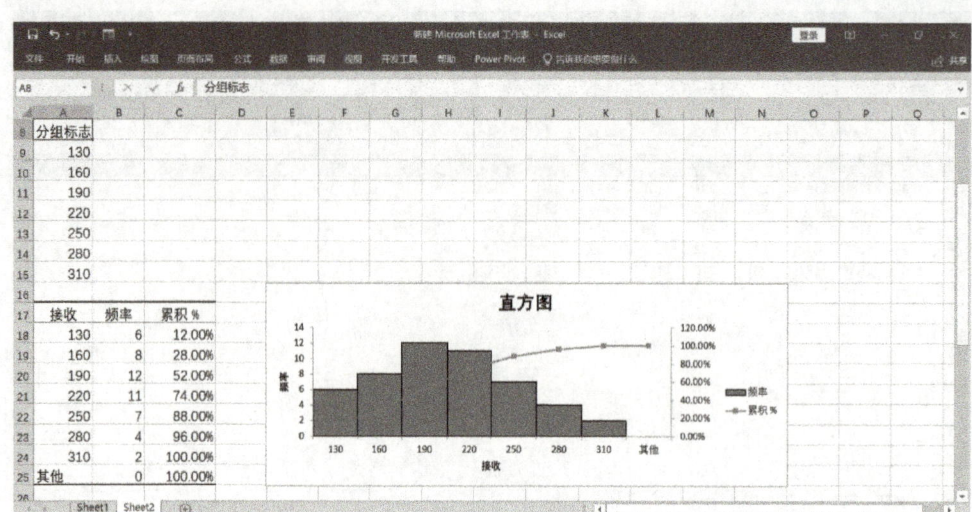

图 3-15 调整后的直方图

课后练习

一、单项选择题

1. 统计分组的关键是(　　)。

A. 确定分组标志和划分各组界限　　B. 确定组距和组数

C. 确定组距和组中值　　D. 确定全距和组中距

2. 某连续变量数列，其末组为开口组，下限为 200；其邻组的组中值为 170，则末组的组中值为(　　)。

A. 260　　B. 215　　C. 230　　D. 185

3. 频数分布用来表明(　　)。

A. 总体单位在各组的分布情况　　B. 各组变量值的构成情况

C. 各组标志值的分布情况　　D. 各组变量值的变动程度

4. 统计表所要说明的对象，一般排在统计表的(　　)。

A. 左方　　B. 上端中部　　C. 右方　　D. 下方

5. 用组中值与次数求坐标点连接而成的统计图是(　　)。

A. 直方图　　B. 条形图　　C. 曲线图　　D. 折线图

二、多项选择题

1. 统计分组的作用在于(　　)。

A. 区分现象的类型　　B. 反映现象总体的内部结构

C. 比较现象间的一般水平　　D. 研究对象间数量的依存关系

2. 下列是属性分组的有(　　)。

A. 人口按性别分组　　B. 企业按所有制分组

C. 家庭按收入水平分组　　D. 职工按文化程度分组

3. 统计数据的预处理，包括(　　)。

A. 数据排序　　B. 数据筛选　　C. 数据审核　　D. 数据订正

4. 统计数据整理的内容一般有(　　)。

A. 对原始数据进行预处理　　B. 对统计数据进行分组

C. 对统计数据进行汇总　　D. 编制统计表、绘制统计图

5. 某单位 100 名职工按工资额分为：3 000 元以下，3 000～4 000 元，4 000～6 000 元，6 000～8 000 元，8 000 元以上五组。这一分组(　　)。

A. 是等距分组　　B. 标志是连续型变量

C. 末组组中值为 8 000　　D. 相邻的组限是重叠的

三、综合题

1. 某企业 50 名员工的工资(单位：元)资料如下。

7 100	7 200	7 200	7 400	7 500	7 500	7 700	7 700	7 700	7 800
7 800	7 900	7 900	8 100	8 200	8 200	8 200	8 200	8 300	8 300
8 300	8 300	8 400	8 400	8 500	8 500	8 500	8 500	8 600	8 600
8 600	8 700	8 700	8 800	8 800	8 800	8 900	8 900	8 900	9 100
9 100	9 200	9 200	9 300	9 300	9 400	9 400	9 500	9 500	9 600

依据上述资料编制组距变量数列，并用次数分布表列出各组的频数和频率，以及向上、向下累计的频数和频率。

2. 用茎叶图比较某企业先进工作者的年龄(单位：岁)分布。

男：32　37　36　32　51　53　33　51　35　45　55　39　46　37　42　40　32　50　38　56　48　48　40　43　52　43　42　44　41　56　39　46　31　47　45　40

女：50　44　35　40　26　28　41　31　31　38　49　33　44　30　33　41　31　35　41　42　37　26　34　34　35　26　51　50　34　36　30　37　31　27　39　34

3. 在对产品废品率的原因进行分析后发现，23 次废品是操作程序，9 次是设备故障，12 次是人为失误，还有 3 次是其他原因。试分析采用哪种统计图表示上述数据最合适。

4. 某百货公司连续 40 天的商品销售额(单位：万元)如下。

41	25	29	47	38	34	30	38	43	40
46	36	45	37	37	36	45	43	33	44
35	28	46	34	30	37	44	26	38	44
42	36	37	37	49	39	42	32	36	35

根据以上数据编制频数分布表，并绘制直方图。

第四章 数据的描述性分析

知识目标

(1)熟悉不同类型数据表示集中趋势和离散程度的指标。

(2)掌握指标之间的关系。

能力目标

(1)熟练计算集中趋势指标和离散程度指标。

(2)能对不同组数据进行比较。

(3)能够利用 Excel 计算指标。

素质目标

(1)通过学习集中趋势和离散程度指标的内涵,培养辩证思考的能力。

(2)通过对各个现实问题案例的描述性比较分析,明白差异是存在的,学会补齐短板,促进自身全面发展。

(3)通过对各个指标公式的运用,培养实事求是、耐心细致的工作作风和态度。

知识体系

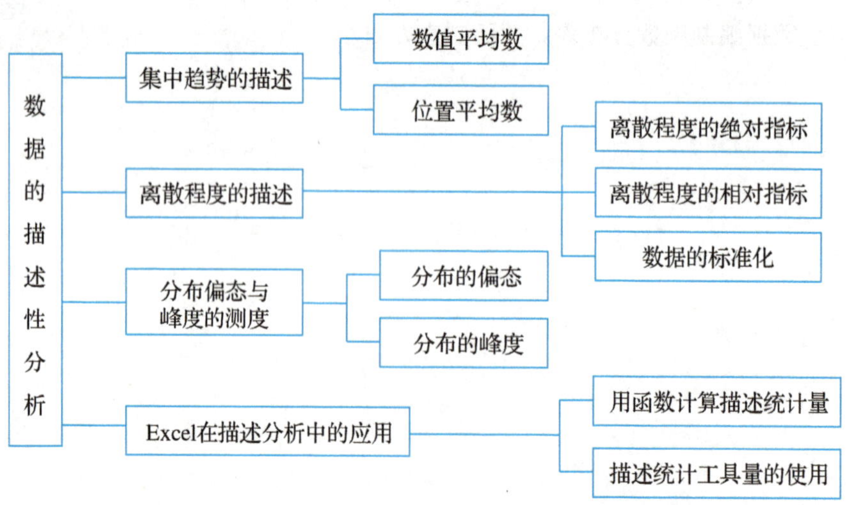

案例引入

2023 年，全国居民人均可支配收入中位数为 33 036 元，增长 5.3%，中位数是平均数的 84.2%。其中，城镇居民人均可支配收入中位数为 47 122 元，增长 4.4%，中位数是平均数的 90.9%；农村居民人均可支配收入中位数为 18 748 元，增长 5.7%，中位数是平均数的 86.4%。

在统计分析中，我们经常会看到平均数、中位数、众数等相关统计指标，这些指标分别代表数据的什么特征？如何计算这些指标？

第一节　集中趋势的描述

集中趋势是指一组数据向其中心值靠拢的倾向。描述集中趋势，就是寻找数据一般水平的代表值或中心值。根据取得这个中心值的方法不同，可把测度集中趋势的指标分为数值平均数和位置平均数两类。

一、数值平均数

数值平均数是同质总体中各个个体某一数量标志在一定时间、地点、条件下所达到的一般水平，是反映现象总体综合数量特征的重要指标，又称平均指标。

研究总体中各个个体的某一数量标志是各不相同的。例如，某个生产小组 10 名工人的工资是按件计酬的，他们的工资各不相同，分别是 6 000 元、6 480 元、6 540 元、6 600 元、6 650 元、6 650 元、6 740 元、6 800 元、6 900 元、7 500 元。要说明这 10 名工人的工资的一般水平，显然不能用某一个工人的工资作代表，而应该计算他们的平均工资，用它作为代表值。

$$平均工资=\frac{6\ 000+6\ 480+6\ 540+\cdots+6\ 900+7\ 500}{10}=6\ 686(元)$$

这个 6 686 元是在这组 10 名工人的工资基础上计算出来的，彼此工资上的差异在计算过程中被抽象化了，结果得到的就是这 10 名工人工资的一般水平，即找到了一个代表值。

数值平均数有算术平均数、调和平均数和几何平均数三种形式。

(一)算术平均数

算术平均数是所有平均数中应用最广泛的平均数。它的计算方法与许多社会经济现象中个别现象与总体现象之间存在的客观数量关系相符合。

例如，企业职工的工资总额就是各个职工工资额的总和，职工的平均工资必等于职工的工资总额与职工总人数之比。所以，算术平均数的基本公式为：

$$算术平均数=\frac{总体标志总量(变量值总量)}{总体单位总量(变量值个数)}$$

算术平均数是总体中各个个体的某一数量标志的总和与个体总数的比值，一般用符号 $\bar{x}$ 表示。算术平均数是集中趋势中最主要的测度值。它的基本公式为：

$$算术平均数=\frac{某数量标志的总和}{对应的个体总数}$$

由于所掌握的资料形式不同，算术平均数可以推导出简单算术平均数和加权算术平均数两组公式。

1. 简单算术平均数

根据未经分组整理的原始数据计算的算术平均数是简单算术平均数。设一组数据为 x_1，x_2，x_3，…，x_n，则：

$$\bar{x}=\frac{x_1+x_2+x_3+\cdots+x_n}{n}=\frac{\sum_{i=1}^{n}x_i}{n}$$

【例 4.1】 5名学生的身高分别为1.65米、1.69米、1.70米、1.71米和1.75米，求他们的平均身高。

解：$\bar{x}=\frac{\sum_{i=1}^{n}x_i}{n}=\frac{\sum_{i=1}^{5}x_i}{5}=\frac{1.65+1.69+1.70+1.71+1.75}{5}=1.70(\text{米})$

简单算术平均数之所以简单，就是因为各个变量值出现的次数相同。【例 4.1】中每个变量值出现的次数都是1。因此，只要把各项变量值简单相加后，再用项数去除就求出平均数了。

2. 加权算术平均数

根据分组整理的数据计算的算术平均数是加权算术平均数。设原始数据被分成 n 组，各组的变量值分别为 x_1，x_2，x_3，…，x_n，各组变量值出现的次数分别为 f_1，f_2，f_3，…，f_n，则：

$$\bar{x}=\frac{x_1f_1+x_2f_2+\cdots+x_nf_n}{f_1+f_2+\cdots+f_n}=\frac{\sum_{i=1}^{n}x_if_i}{\sum_{i=1}^{n}f_i}$$

计算加权算术平均数运用的变量数列资料有单项变量数列和组距变量数列两种。单项变量数列直接对各组变量值进行加权平均计算；组距变量数列需要先求出各组变量值的组中值，然后对组中值进行加权平均计算。

【例 4.2】 根据某车间200名工人加工零件的资料(如表4-1所示)，计算平均每个工人的零件生产量。

表 4-1 某车间职工加工零件平均数计算表

按零件数分组/个	职工人数/人(f)	人数比重	组中值(x)	xf
40～50	20	0.10	45	900
50～60	40	0.20	55	2 200
60～70	80	0.40	65	5 200
70～80	50	0.25	75	3 750
80～90	10	0.05	85	850
合　计	200	1.00	—	12 900

解： $\bar{x}=\frac{\sum_{i=1}^{n}x_if_i}{\sum_{i=1}^{n}f_i}=\frac{12\ 900}{200}=64.5$（个）

特别提示

次数(f)对变量值(x)起着某种权衡轻重的作用。当变量值比较大的次数多时，平均数就接近于变量值大的一方；当变量值比较小的次数多时，平均数就接近于变量值小的一方。次数(f)通常称为权数。

如果各组的次数(权数)相同时，即 $f_1=f_2=f_3=\cdots=f_n$，权数的权衡轻重作用也就消失了。这时，加权算术平均数会变成简单算术平均数。

$$\bar{x}=\frac{\sum_{i=1}^{n}x_if_i}{\sum_{i=1}^{n}f_i}=\frac{f\sum_{i=1}^{n}x_i}{f\cdot n}=\frac{\sum_{i=1}^{n}x_i}{n}$$

可见，简单算术平均数实际上是加权算术平均数在权数相等条件下的一个特例。

特别提示

简单算术平均数的数值大小只与变量值的大小有关；加权算术平均数的数值大小不仅受各组变量值大小的影响，而且还受各组变量值出现的次数，即权数大小的影响。

(二)调和平均数

在统计分析中，有时会由于种种原因没有频数的资料，只有每组的变量值和相应的标志总量。在这种情况下，不能直接运用算术平均方法来计算，需要以迂回的形式，即用每组的标志总量除以该组的变量值推算出各组的单位数，才能计算出平均数，即用调和平均的方法完成这个计算。

调和平均数是各变量值倒数的算术平均数的倒数。由于它是根据变量值倒数计算的，所以又称作倒数平均数，通常用 $\bar{x}_H$ 表示。

根据掌握的资料不同，调和平均数可分为简单调和平均数和加权调和平均数两种。

1. 简单调和平均数

简单调和平均数公式为：

$$\bar{x}_H=\frac{n}{\frac{1}{x_1}+\frac{1}{x_2}+\cdots+\frac{1}{x_n}}=\frac{n}{\sum_{i=1}^{n}\frac{1}{x_i}}$$

【例 4.3】 假如某种蔬菜在早、中、晚市的每 500 克的价格分别为 2.5 元、2.4 元、2.2 元，若早、中、晚市各买 500 克，其平均价格用简单算术平均数计算，结果约为 2.37 元。但若早、中、晚市各买 3 元钱的菜，其平均价格是多少？

解： 先把总重量计算出来，然后再用总金额除以总重量。

$$平均价格=\frac{总金额}{总重量}=\frac{3+3+3}{\frac{3}{2.5}+\frac{3}{2.4}+\frac{3}{2.2}}=\frac{9}{3.81}\approx2.36(元)$$

简单调和平均数是权数均相等条件下的加权调和平均数的特例。当权数不等时，就需要进行加权。

2. 加权调和平均数

设 m 为加权调和平均数的权数，加权调和平均数公式为：

$$\bar{x}_H=\frac{m_1+m_2+\cdots+m_n}{\frac{m_1}{x_1}+\frac{m_2}{x_2}+\cdots+\frac{m_n}{x_n}}=\frac{\sum_{i=1}^{n}m_i}{\sum_{i=1}^{n}\frac{m_i}{x_i}}$$

【例 4.4】 仍用前面对蔬菜计算平均价格为例，如果现在早、中、晚市所花钱数是如表4-2的情形，求购进的该种蔬菜的平均价格。

表 4-2 调和平均数计算表

时间	单价/元·500 g(x)	所花钱数/元(m)	购买量/500 g(m/x)
早市	2.5	5	2.0
中市	2.4	6	2.5
晚市	2.2	11	5.0
合计	—	22	9.5

解： $\bar{x}_H=\frac{\sum_{i=1}^{n}m_i}{\sum_{i=1}^{n}\frac{m_i}{x_i}}=\frac{22}{9.5}\approx 2.32$(元)

特别提示

调和平均数是算术平均数的变形，推导如下：

$$\bar{x}_H=\frac{\sum_{i=1}^{n}m_i}{\sum_{i=1}^{n}\frac{m_i}{x_i}}=\frac{\sum_{i=1}^{n}x_if_i}{\sum_{i=1}^{n}\frac{x_if_i}{x_i}}=\frac{\sum_{i=1}^{n}x_if_i}{\sum_{i=1}^{n}f_i}=\bar{x}$$

调和平均数与算术平均数在本质上是一致的，不同的原始资料形式在计算平均数时，可以选择不同的公式。

(三)几何平均数

几何平均数是计算平均比率和平均速度最适用的一种方法。几何平均数是 n 个变量值乘积的 n 次方根，通常用 $\bar{x}_G$ 表示。

根据掌握的数据资料不同，几何平均数可分为简单几何平均数和加权几何平均数两种。

1. 简单几何平均数

简单几何平均数的计算公式如下：

$$\bar{x}_G=\sqrt[n]{x_1\cdot x_2\cdot\cdots\cdot x_n}=\sqrt[n]{\prod_{i=1}^{n}x_i}$$

【例 4.5】 某产品生产需要经过六道工序，每道工序的合格率分别为 98%、91%、93%、98%、98%和 91%，求这六道工序的平均合格率。

解： 因为成品的合格率等于各道工序产品合格率的乘积，所以要用几何平均数来计算这六道工序的平均合格率。

$$\bar{x}_G=\sqrt[6]{98\%\times 91\%\times 93\%\times 98\%\times 98\%\times 91\%}\approx 94.78\%$$

2. 加权几何平均数

当掌握的数据资料为分组资料，且各个变量值出现的次数不相同时，用加权方法计算的几何平均数是加权几何平均数。加权几何平均数的公式为：

$$\bar{x}_G=\sqrt[f_1+f_2+\cdots+f_n]{x_1^{f_1}\cdot x_2^{f_2}\cdot \cdots \cdot x_n^{f_n}}=\sqrt[\sum_{i=1}^{n}f_i]{\prod_{i=1}^{n}x_i^{f_i}}$$

【例 4.6】 某市 2010—2023 年的工业增加值的增长率资料，如表 4-3 所示，计算平均增长率。

表 4-3　几何平均数计算表

年份	年数	工业增加值的增长率
2010—2013	4	10.2%
2014—2018	5	8.7%
2019—2023	5	9.6%
合计	14	—

解： $\bar{x}_G=\sqrt[4+5+5]{110.2\%^4\times 108.7\%^5\times 109.6\%^5}\approx 109.45\%$

平均增长率＝平均发展速度－100%＝109.45%－100%＝9.45%

特别提示

使用几何平均数有两个前提：一是出现的变量值是比例，二是比例的乘积是总数。

二、位置平均数

(一)中位数与分位数

1. 中位数

中位数是一组数据按大小顺序排列后，处于中间位置的那个变量值，通常用 M_e 表示。其定义表明，中位数就是将某变量的全部数据均等地分为两半的那个变量值。其中，一半数值小于中位数，另一半数值大于中位数。中位数是一个位置代表值，因此它不受极端变量值的影响。

(1)由未分组的数据确定中位数。对于未分组的数据资料，需先将各变量值按大小顺序排列，并按公式 $\frac{n+1}{2}$ 确定中位数的位置。

当一个序列的项数是奇数时，则处于序列中间位置的变量值就是中位数。例如，7、6、8、2、3 这 5 个数据求中位数，先按大小顺序排成 2、3、6、7、8。在这个序列中，选取中间数值6，小于6的数值有2个，大于6的数值也有2个，所以6就是这5个数值中的中位数。

当一个序列的项数是偶数时，则应取中间2个数的中点值作为中位数，即取中间2个变量值的平均数为中位数。例如，一个按大小顺序排列的序列2、5、7、8、11、12，其中位数的位置在7与8之间，中位数就是7与8的平均数，即 $M_e=\frac{7+8}{2}=7.5$。

(2)由单项数列确定中位数。根据单项数列资料确定中位数与根据未分组数据资料确定中位数的方法基本一致。由单项数列确定中位数，是先计算各组的累计次数(或频数)，再按公式 $\frac{\sum_{i=1}^{n}f_i+1}{2}$ 确定中位数的位置，并对照累计次数确定中位数。

【例4.7】 某班同学按年龄分组资料如表4-4所示，求中位数。

表4-4 单项数列求中位数计算表

年龄/岁	学生人数/人	较小制累计次数/人	较大制累计次数/人
17	5	5	50
18	8	13	45
19	26	39	37
20	9	48	11
21	2	50	2
合　计	50	—	—

解： 年龄中位数的位置为 $\frac{50+1}{2}=25.5$，说明位于第25位与第26位同学之间，根据累计次数可确定中位数为第三组的变量值19。

(3)由组距数列确定中位数。根据组距数列资料确定中位数，应先按公式 $\frac{\sum_{i=1}^{n}f_i}{2}$ 求出中位数所在组的位置，然后运用内插法，按比例推算出中位数的近似值。

$$M_e=L+\frac{\frac{\sum_{i=1}^{n}f_i}{2}-S_{m-1}}{f_m}\cdot i$$

式中，L 为中位数所在组的下限；S_{m-1} 为较小制累计至中位数所在组前一组止的次数；f_m 为中位数所在组的次数；i 为中位数所在组的组距。

【例4.8】 利用表4-5中的资料，计算中位数。

表 4-5　中位数计算示例表

按零件数分组/个	职工人数/人	较小制累计次数/人	较大制累计次数/人
40～50	20	20	200
50～60	40	60	180
60～70	80	140	140
70～80	50	190	60
80～90	10	200	10
合　计	200	—	—

解：$M_e=60+\dfrac{\dfrac{200}{2}-60}{80}\times 10=65$(个)

从上面分析可知，中位数实际上就是位于累计次数达到$\dfrac{\sum_{i=1}^{n} f_i}{2}$的这一组组距中的某个数值。该数值就是这一组下限加上按一定几何比例分割组距所得的一段组距，或这一组上限减去按一定几何比例分割组距所得的一段组距。

2. 分位数

分位数也称分位点，是指将一个随机变量的概率分布范围分为几个等份的数值点。

常用的分位数有中位数(即二分位数)、四分位数、百分位数等。比如，四分位数就是把全部数据分割成各占四分之一的四个部分，其中三个等分点用 Q_1，Q_2，Q_3 表示，分别称为第一四分位数、第二四分位数和第三四分位数，那么 Q_2 就是中位数。

(二)众数

众数是一组数据中出现次数最多的变量值，通常用 M_o 表示。众数具有普遍性，在统计实践中，常利用众数来近似反映社会经济现象的一般水平。

众数根据掌握的资料来确定。

未分组资料或单项数列资料众数的确定比较容易，不需要计算，可直接观察确定。即在一组数列或单项数列中，次数出现最多的那个变量值就是众数。在表 4-4 中，19 岁出现的人数最多，为 26 人，所以 19 岁就是众数。

根据组距数列确定众数比较复杂。先确定众数所在的组，若为等距数列，次数最多的那个组就是众数所在组；若为异距数列，需将其换算为次数密度(或标准组距次数)，换算后次数密度最多的一组为众数所在组，然后按公式求出近似于众数的值。

$$M_o=L+\frac{f_m-f_{m-1}}{(f_m-f_{m-1})+(f_m-f_{m+1})}\cdot i$$

式中，L 为众数所在组的下限；i 为众数所在组的组距；f_m 为众数所在组的次数；f_{m-1} 为众数所在组前一组的次数；f_{m+1} 为众数所在组后一组的次数。

【例 4.9】 利用表 4-5 中的资料，计算众数。

解：将表 4-5 中的资料代入计算众数的下限公式和上限公式，所得结果一致。

$$M_o = 60 + \frac{80-40}{(80-40)+(80-50)} \times 10 \approx 65.71(\text{个})$$

通过以上计算可知，众数的数值要受到众数所在组相邻两组次数多少的影响。当众数组前一组次数大于众数所在组后一组次数时，众数接近众数组的下限；反之，当众数组前一组次数小于众数所在组后一组次数时，众数接近众数组的上限；而当众数所在组前后两组次数相等或当该数列次数呈对称分布时，众数所在组的组中值就是众数。

相关链接

众数、中位数和算术平均数的比较

1. 众数、中位数和算术平均数的关系

大部分数据都属于单峰分布，其众数、中位数和算术平均数之间具有以下关系：如果数据的分布是对称的，则 $M_o = M_e = \overline{x}$，如图 4-1(a)所示；如果数据是左偏分布的，说明数据中偏小的数较多，这就必然拉动算术平均数向小的一方，而众数和中位数由于是位置代表值，不受极值的影响，因此三者之间的关系表现为 $M_o > M_e > \overline{x}$，称为负偏，如图 4-1(b)所示；如果数据是右偏分布的，说明数据中偏大的数较多，这就必然拉动算术平均数向大的一方，则 $M_o < M_e < \overline{x}$，称为正偏，如图 4-1(c)所示。

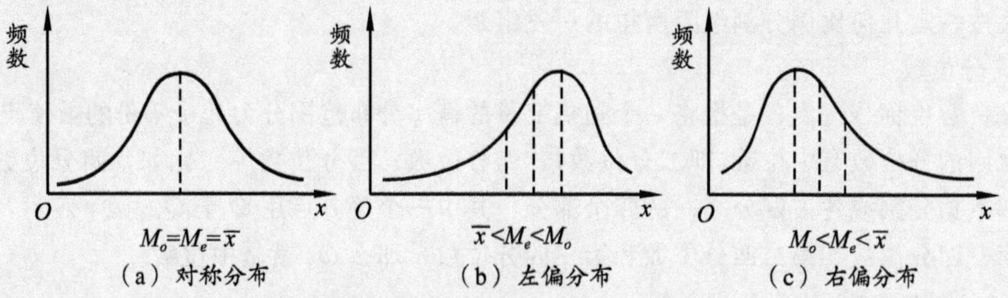

(a) 对称分布　(b) 左偏分布　(c) 右偏分布

图 4-1　众数、中位数和算术平均数的关系示意图

2. 众数、中位数和算术平均数的特点与应用场合

(1)众数是一组数据分布的峰值，是位置代表值。其优点是易于理解，不受极端值的影响。当数据的分布具有明显的集中趋势时，尤其是对于偏态分布，众数的代表性比算术平均数要好。其特点是具有不唯一性，一组数据可能有一个众数，也可能有两个或多个众数，也可能没有众数。

(2)中位数是一组数据中间位置上的代表值，也是位置代表值。其特点是不受极端值的影响。对于具有偏态分布的数据，中位数代表性要比算术平均数好。

(3)算术平均数由全部数据的计算所得，具有优良的数学性质，是实际中应用最广泛的集中趋势测度值。其主要缺点是易受数据极端值的影响。对于偏态分布的数据，算术平均数的代表性较差。作为算术平均数变形的调和平均数和几何平均数是适用于特殊数据的代表值，调和平均数主要用于不能直接计算算术平均数的数据，几何平均数则主要用于计算比例数据的平均数。这两个测度值与算术平均数一样，易受数据极端值的影响。

第二节　离散程度的描述

集中趋势是一个说明同质总体中各个个体变量值的代表值。其代表性如何，取决于被平均变量值之间的变异程度。在统计中，把反映现象总体中各个个体的变量值之间差异程度的指标称为离散程度。

反映离散程度的指标有绝对指标和相对指标两类。

一、离散程度的绝对指标

(一)极差与四分位差

1. 极差

极差也称全距，是一组数据的最大值与最小值之离差，即：

$$R=\max(x_i)-\min(x_i)$$

式中，R 为极差；$\max(x_i)$和 $\min(x_i)$分别为一组数据的最大值和最小值。

对于组距分组数据，极差也可近似表示为：

$$R\approx \text{最高组的上限值}-\text{最低组的下限值}$$

表 4-4 中，极差 $R=21-17=4$(岁)；表 4-5 中，极差 $R\approx 90-40=50$(个)。

极差是描述数据离散程度最简单的测度值，计算简单、易于理解；但只是说明两个极端变量值的差异范围，因而不能反映各单位变量值的变异程度，易受极端数值的影响。

2. 四分位差

四分位差是指第三四分位数与第一四分位数之差，也称内距或四分间距，通常用 Q_r 表示。

$$Q_r=Q_3-Q_1$$

四分位差反映了中间 50%数据的离散程度。其数值越小，说明中间的数据越集中；数值越大，说明中间的数据越分散。四分位差不受极值影响，因此，在某种程度上弥补了极差的一个缺陷。

(二)平均差

平均差也称平均离差，是各变量值与其平均数离差绝对值的平均数，通常用 M_D 表示。由于各变量值与其平均数离差之和等于零，所以在计算平均差时，取绝对值形式。

平均差的计算根据掌握数据资料的不同，采用简单式和加权式两种。

1. 简单式

对未经分组的数据资料采用简单式，公式如下：

$$M_D=\frac{\sum_{i=1}^{n}|x_i-\bar{x}|}{n}$$

【例 4.10】 计算 5、11、7、8、9 的平均差。

解： 先计算这组数据的算术平均数，得到 8，代入公式得：

$$M_D=\frac{|5-8|+|11-8|+|7-8|+|8-8|+|9-8|}{5}=1.6$$

2. 加权式

根据分组整理的数据计算平均差采用加权式，公式如下：

$$M_D=\frac{\sum_{i=1}^{n}|x_i-\overline{x}|f_i}{\sum_{i=1}^{i}f_i}$$

【例 4.11】 利用表 4-6 中的资料，计算平均差。

表 4-6 平均差计算示例表

按零件数分组/个	职工人数/人	组中值(x_i)	$x_i-\overline{x}$	$\|x_i-\overline{x}\|f_i$
40～50	20	45	−19.5	390
50～60	40	55	−9.5	380
60～70	80	65	0.5	40
70～80	50	75	10.5	525
80～90	10	85	20.5	205
合 计	200	—	—	1 540

解：$M_D=\frac{\sum_{i=1}^{n}|x_i-\overline{x}|f_i}{\sum_{i=1}^{n}f_i}=\frac{1\ 540}{200}=7.7$(个)

在可比的情况下，一般平均差的数值越大，其平均数的代表性越小，说明该组变量值分布越分散；反之，平均差的数值越小，则其平均数的代表性越大，说明该组变量值分布越集中。

平均差由于采用绝对值的离差形式加以数学假定，在应用上有较大的局限性。

(三)标准差与方差

1. 标准差

标准差又称均方差，是各单位变量值与其平均数离差平方的平均数的方根，通常用 σ 表示。它是测度数据离散程度的最主要方法。标准差是具有量纲的，与变量值的计量单位相同。

标准差的本质是求各变量值与其平均数的距离和，即先求出各变量值与其平均数离差的平方，再求其平均数，最后对其开方。之所以称其为标准差，是因为在正态分布条件下，它和平均数有明确的数量关系，是度量数据对其平均数的偏离程度。

标准差的计算根据掌握的数据资料不同，有简单式和加权式两种。

(1)简单式。对未经分组的数据资料采用简单式，公式如下：

$$\sigma=\sqrt{\frac{\sum_{i=1}^{n}(x_i-\overline{x})^2}{n}}$$

【例 4.12】 计算 5、11、7、8、9 的标准差。

解：先计算这组数据的算术平均数，得到 8，代入公式得：

$$\sigma=\sqrt{\frac{(5-8)^2+(11-8)^2+(7-8)^2+(8-8)^2+(9-8)^2}{5}}=2$$

(2)加权式。根据分组整理的数据计算标准差采用加权式，公式如下：

$$\sigma=\sqrt{\frac{\sum_{i=1}^{n}(x_i-\bar{x})^2 f_i}{\sum_{i=1}^{n} f_i}}$$

【例 4.13】 利用表 4-7 中的资料，计算标准差。

表 4-7 标准差计算示例表

按零件数分组/个	职工人数/人	组中值(x)	$x-\bar{x}$	$(x-\bar{x})^2$	$(x-\bar{x})^2 f$
40～50	20	45	−19.5	380.25	7 605.00
50～60	40	55	−9.5	90.25	3 610.00
60～70	80	65	0.5	0.25	20.00
70～80	50	75	10.5	110.25	5 512.50
80～90	10	85	20.5	420.25	4 202.50
合 计	200	—	—	—	20 950.00

解：$\sigma=\sqrt{\frac{20\ 950}{200}}\approx 10.23$(个)

标准差是根据全部数据计算的，反映了每个数据与其平均数相比平均相差的数值，能准确地反映数据的离散程度。与平均差相比，标准差在数学处理上是通过平方消去离差的正负号，更便于数学上的处理。因此，标准差是现实中应用最广泛的离散程度测度值。

标准差有总体标准差与样本标准差之分，以上是总体的标准差。如果要计算样本标准差，只需要在分母上减 1。通常，样本标准差记为 s。

对简单式而言：

$$s=\sqrt{\frac{\sum_{i=1}^{n}(x_i-\bar{x})^2}{n-1}}$$

对加权式而言：

$$s=\sqrt{\frac{\sum_{i=1}^{n}(x_i-\bar{x})^2 f_i}{\sum_{i=1}^{n} f_i-1}}$$

2. 方差

方差是各变量值与其算术平均数离差平方和的平均数，即标准差的平方。用 σ^2 表示总体的(方差)标准差，用 s^2 表示样本的(方差)标准差。在今后的统计分析中，经常要用到这些指标。

二、离散程度的相对指标

极差、平均差和标准差都是反映数据分散程度的绝对值，其数值的大小一方面取决于原变量值本身水平的高低，也就是与变量的平均数大小有关。变量值绝对水平高的，离散程度的测度值自然也就大；绝对水平低的，离散程度的测度值自然也就小。另一方面受原变量值计量单位的影响，采用不同计量单位计量的变量值，其离散程度的测度值也就不同。

因此，对于平均数不等或计量单位不同的不同组别的变量值，是不能直接用离散程度的绝对指标比较其离散程度的。为了消除变量平均数不等和计量单位不同对离散程度测度值的影响，需要计算离散程度的相对指标，即离散系数。

$$\text{离散系数}=\frac{\text{离散程度的绝对指标}}{\text{对应的平均指标}}$$

离散程度通常是根据标准差来计算的，因此也称标准差系数。它是一组数据的标准差与其对应的平均数之比，是测度数据离散程度的相对指标。其计算公式如下：

$$V_\sigma=\frac{\sigma}{\bar{x}}\times 100\%$$

【例 4.14】 某地两家不同类型的企业全年平均月产量资料如表 4-8 所示，计算标准差系数。

表 4-8　某地两个不同类型企业资料

企业	计量单位	月平均产量($\bar{x}$)	标准差(σ)
炼钢厂	吨	500	10
纺纱厂	锭	200	5

解： 炼钢厂标准差系数$=\frac{10}{500}\times 100\%=2\%$

纺纱厂标准差系数$=\frac{5}{200}\times 100\%=2.5\%$

特别提示

虽然炼钢厂的标准差比纺纱厂大，但不能直接断定炼钢厂的平均月产量的代表性就比纺纱厂的小。一是这两个厂的平均月产量相差悬殊，二是两个厂属于性质不同(计量单位不同)的两家企业。因此，只能根据离散系数的大小来判断。两家企业的离散系数表明，炼钢厂的平均月产量的代表性比纺纱厂的大，生产比较稳定。其结果与用标准差判断的结果正好相反。

三、数据的标准化

在计算算术平均数和标准差之后，可以对一组数据中各个数值进行标准化处理，以测度每个数据在该组数据中的相对位置，并可以用它来判断一组数据是否有异常值。标准化数值是变量值与其平均数的离差除以标准差后的值，也称为 z 分数或标准分数。

设标准化数值为 z，则有：

$$z=\frac{x_i-\bar{x}}{\sigma}\text{或 }z=\frac{x_i-\bar{x}}{s}$$

【例 4.15】 假设 6 名学生的考试分数为 99、85、73、60、45、16，计算其标准化数值。

解： 假定已知算术平均数和标准差：$\bar{x}=63.00$，$s=27.15$。

然后根据公式计算相应的标准化数值：1.33，0.81，0.37，−0.1，−0.66，−1.73。

标准分数给出了一组数据中各数值的相对位置。例如，99 对应的标准化数值为 1.33，我们就知道该数值高于算术平均数 1.33 倍标准差。通常一组数据中高于或低于算术平均数 3 倍标准差的数值是很少的，即在算术平均数加减 3 个标准差的范围内几乎包含了全部数据，而在 3 个标准差之外的数据，统计上称为离群点。

标准化后数据就没有量纲了，但不会改变其在原序列中的位置。在对多个具有不同量纲的变量进行处理时，常常需要对变量数值进行标准化处理。

第三节　分布偏态与峰度的测度

集中趋势和离散程度是数据分布的两个重要特征，但要全面了解数据分布的特点，还需要掌握数据分布的形状是否对称、偏斜的程度及扁平程度等。反映这些分布特征的测度值是偏态和峰度。

一、分布的偏态

偏态是对分布偏斜方向和程度的测度。有些变量值出现的次数往往是非对称性的，如收入分配、市场占有份额、资源配置等。变量分组后，总体中各个个体在不同的分组变量值下分布并不均匀对称，而呈现出偏斜的分布状况，统计上将其称为偏态分布。

利用众数、中位数和平均数之间的关系就可以判断分布是对称、左偏还是右偏，但要测度偏斜的程度，则需要计算偏态系数。统计分析中测定偏态系数的方法很多，一般采用矩的概念计算。其计算公式为三阶中心矩 ν_3 与标准差的三次方之比。具体公式如下：

$$\alpha=\frac{\nu_3}{\sigma^3}=\frac{\sum_{i=1}^{n}(x_i-\bar{x})^3 f_i}{\sum_{i=1}^{n} f_i \cdot \sigma^3}$$

式中，α 为偏态系数。

从公式中可以看到，偏态系数是离差三次方的平均数再除以标准差的三次方。当分布对称时，离差三次方后正负离差可以相互抵消，因而 α 的分子等于 0，则 $\alpha=0$；当分布不对称时，正负离差不能抵消，就形成了正与负的偏态系数 α。当 α 为正值时，表示正偏离差值较大，可以判断为正偏或右偏；反之，当 α 为负值时，表示负偏离差值较大，可以判断为负偏或左偏。

偏态系数 α 的数值一般在 0 与 ±3 之间，α 越接近 0，分布的偏斜度越小；α 越接近 ±3，分布的偏斜度越大。

【例 4.16】 某管理局所属 30 个企业 2024 年 3 月的利润额增长额统计资料如表 4-9 所示，计算该变量数列的偏斜状况。

表 4-9　偏斜系数计算示例表

利润额增长额/万元	企业数(f)	组中值(x)	$(x-\overline{x})^2 f$	$(x-\overline{x})^3 f$	$(x-\overline{x})^4 f$
10～30	2	20	2 312	−78 608	2 672 672
30～50	10	40	1 960	−27 440	384 160
50～70	13	60	468	2 808	16 848
70～90	5	80	3 380	87 880	2 284 880
合　计	30	—	8 120	—15 360	5 358 560

解： 利用表 4-9 中有关数据计算标准差。

$$\sigma=\sqrt{\frac{\sum_{i=1}^{n}(x_i-\overline{x})^2 f_i}{\sum_{i=1}^{n} f_i}}=\sqrt{\frac{8\,120}{30}}\approx 16.45$$

$$\nu_3=\frac{\sum_{i=1}^{n}(x_i-\overline{x})^3 f_i}{\sum_{i=1}^{n} f_i}=\frac{-15\,360}{30}=-512$$

$$\alpha=\frac{\nu_3}{\sigma^3}=\frac{-512}{16.45^3}\approx -0.12$$

该计算结果表明，管理局所属企业利润额增长额的分布状况呈轻微负偏分布。

二、分布的峰度

在变量数列的分布特征中，常常以正态分布为标准，观察变量数列分布曲线顶峰的尖平程度，统计上称为峰度。如果分布的形状比正态分布更高更瘦，称为尖峰分布，如图 4-2(a)所示；如果分布的形状比正态分布更矮更胖，则称为平峰分布，如图 4-2(b)所示。

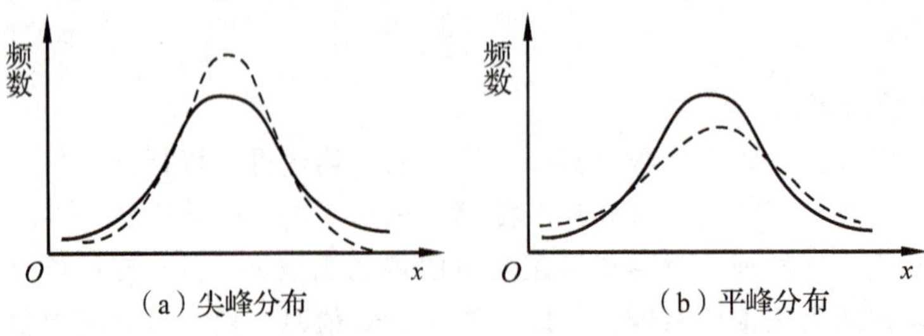

图 4-2　尖峰、平峰分布示意图

测度峰度的方法，一般采用矩的概念计算，即运用四阶中心矩 v_4 与标准差的四次方对比，以此来判断各分布曲线峰度的尖平程度。具体公式如下：

$$\beta=\frac{\nu_4}{\sigma^4}-3=\frac{\sum_{i=1}^{n}(x_i-\bar{x})^4 f_i}{\sum_{i=1}^{n} f_i \cdot \sigma^4}-3$$

式中，β 为峰度系数。

峰度系数是统计中描述次数分布状态的一个重要特征值，用以测定邻近数值周围变量值分布的集中或分散程度。它以四阶中心矩为测量标准，除以 σ^4 是为了消除单位量纲的影响，而得到以无名数表示的相对数形式，以便在不同的分布曲线之间进行比较。正态分布的峰度系数为 0，当 $\beta>0$ 时，为尖峰分布；当 $\beta<0$ 时，为平峰分布。

【例 4.17】　根据【例 4.16】中的数据，计算该变量数列的峰度。

解：根据表 4-9 中有关数据计算峰度系数如下。

$$\beta=\frac{\nu_4}{\sigma^4}-3=\frac{\sum_{i=1}^{n}(x_i-\bar{x})^4 f_i}{\sum_{i=1}^{n} f_i \cdot \sigma^4}-3\approx\frac{5\ 358\ 560}{30\times 16.45^4}-3\approx 2.44-3=-0.56$$

以上计算结果表明，上述企业间利润额的分布呈平峰分布，各变量值分布较为均匀。

第四节　Excel 在描述分析中的应用

一、用函数计算描述统计量

【例 4.18】　为了解某经济学院应届毕业生的工资情况，随机抽取 30 人，月工资如下。

5 560	5 340	5 600	5 410	5 590	5 410	5 610	5 570	5 710	5 550
5 490	5 690	5 380	5 680	5 470	5 530	5 560	5 250	5 560	5 350
5 560	5 510	5 550	5 460	5 550	5 570	5 980	5 610	5 510	5 440

第一步：在 A1∶A30 单元格输入数据。

第二步：单击“插入”→“函数”。打开“粘贴函数”对话框。

第三步：选择所需指标。

第四步：正确填写完相关信息后，单击“确定”，将结果放置在定义的输出区域。

例如：将 30 个人的工资数据输入到 A1∶A30 单元格，单击“插入”→“函数”→“MODE”，按回车键后即可得众数为 5 560。

二、描述统计工具量的使用

要获得多个描述统计量，就要逐一输入函数。为了很快获得常用的描述统计量，可使用 Excel 中的“描述统计”数据分析工具。

第一步：打开文件或者键入数据，准备好需要计算的数据。

第二步：单击“数据”→“分析”，打开“数据分析”对话框。

第三步：选择其中的“描述统计”，打开对话框。

第四步：正确填写完相关信息后，单击“确定”，将结果放置在定义的输出区域。

根据【例 4.18】中的数据，按步骤操作可得输出结果，如图 4-3 所示。

	A	B	C	D	E
1	5560				
2	5340				
3	5600		列1		
4	5410				
5	5590		平均	5535	
6	5410		标准误差	24.65276	
7	5610		中位数	5550	
8	5570		众数	5560	
9	5710		标准差	135.0287	
10	5550		方差	18232.76	
11	5490		峰度	3.257451	
12	5690		偏度	0.832785	
13	5380		区域	730	
14	5680		最小值	5250	
15	5470		最大值	5980	
16	5530		求和	166050	
17	5560		观测数	30	
18	5250		最大(1)	5980	
19	5560		最小(1)	5250	
20	5350		置信度(95.0%)	50.42056	
21	5560				
22	5510				
23	5550				
24	5460				
25	5550				

图 4-3　描述统计输出结果

数说统计

企业净利润描述性统计分析

根据某市企业净利润调查数据，对所有企业净利润进行描述性统计分析。

第一步：打开“分析”菜单，选择“描述统计”命令下的“描述”命令。选择“描述”命令后，SPSS 将打开“描述性”对话框。用户可以通过单击中间的箭头按钮从左边原变量中选择一个或者几个变量至右边的“变量”列表框中。

第二步：对话框底部有一个“将标准化得分另存为变量”复选框，选择该项，将“变量”列表框中被选中变量的数据进行标准化，然后将标准化的结果保存到新变量中。新变量的变量名为原变量的变量名前面添加字母“Z”，并被添加在“数据”编辑窗口中变量的最后一列。

第三步：单击“选项”按钮，打开“描述：选项”对话框，可以选择所要统计的统计量和图表输出方式。单击“继续”按钮，结果输出窗口中得到描述性统计部分指标分析结果的输出表格，如表 4-10 所示。

表 4-10　描述性统计分析结果

项　目	N	均值		标准差	方差	偏度		峰度	
	统计量	统计量	标准误	统计量	统计量	统计量	标准误	统计量	标准误
净利润	20	72 050.226	10 194.216	45 589.919	2.078	0.755	0.512	−0.463	0.992
有效的 N（列表状态）	20								

实训项目

项目名称： 加权算术平均数。

实训目的： 通过本实训达到正确理解加权算术平均数的性质和特点，从而揭示各组平均数和总平均数产生矛盾的原因，达到正确认识和分析实际问题的目的。

实训内容：

某材料的采购按照 4 批次进行，采购单价和采购数量如表 4-11 所示。该材料的采购平均价格是多少？

表 4-11　某材料采购情况表

采购批次	采购单价/元·千克$^{-1}$	采购数量/千克
1	43	4 600
2	38	7 800
3	48	3 200
4	40	6 800

采购价格的算术平均单价：$\frac{43+38+48+40}{4}=42.25$(元)

但是，根据材料采购批次和数量的不同，采购价格会有所波动，如存在大批量采购享受价格优惠等问题，所以用采购数量作为权重的加权平均数更为合理。

采购价格的加权平均单价：$\frac{43\times4\ 600+38\times7\ 800+48\times3\ 200+40\times6\ 800}{4\ 600+7\ 800+3\ 200+6\ 800}\approx41.06$(元)

由此可见，加权算术平均数受变量值和权数两个因素的影响，其结果会偏向于权数占比高的变量值；而算术平均法实质上是加权平均法的特例，即各项权重占比均为 1 的加权平均法。

课后练习

一、单项选择题

1. 某公司下属 15 个企业，已知每个企业上月产值计划完成百分比和实际产值，要计算该公司上月平均产值计划完成程度，采用加权调和平均数的方法计算。其权数是(　　)。

A. 计划产值　　B. 实际产值　　C. 工人数量　　D. 企业数量

2. 权数对算术平均数的影响作用，实质上取决于(　　)。

A. 作为权数的各组单位数占总体单位数的比重

B. 各组标志值占总体标志总量的比重

C. 标志值本身

D. 标志值数量

3. 比较两个不同水平数列总体标志的变异程度，必须利用(　　)。

A. 标准差　　B. 标志变动系数

C. 平均差　　D. 全距

4. 用标准差比较分析两个同类总体平均数的代表性的前提条件是两个总体的(　　)。

A. 标准差应相等　　B. 平均数应相等

C. 单位数应相等　　D. 离差之和应相等

5. 若某一变量数列中，有变量值为0，则不适宜计算的集中程度指标是(　　)。

A. 算数平均数　　B. 调和平均数　　C. 中位数　　D. 众数

二、多项选择题

1. 反映数据集中程度的特征值有(　　)。

A. 算术平均数　　B. 众数　　C. 中位数　　D. 调和平均数

2. 影响加权算术平均数的因素有各组的(　　)。

A. 频率或频数　　B. 标志值

C. 组距　　D. 组限

3. 下列加权算术平均数等于简单算术平均数的有(　　)。

A. 各组次数相等　　B. 变量数列为组距数列

C. 各组次数都为1　　D. 各组次数占总次数的比重相等

4. 衡量数值型数据离散程度的指标有(　　)。

A. 全距　　B. 平均差

C. 标准差　　D. 标准差系数

5. 受极端值影响较大的集中程度指标有(　　)。

A. 算术平均数　　B. 调和平均数　　C. 几何平均数　　D. 众数

三、综合题

1. 某商店1月的销售额(单位：万元)资料如下。计算该组数据的均值、中位数、众数、极差、标准差。

257　276　297　252　228　310　240　228　265　278　271　292
261　281　301　274　267　280　291　258　272　284　268　303
273　282　263　322　249　269　290

2. 工人日生产零件分组资料如表4-12所示。计算该组数据算术平均数、众数和中位数，并说明数列的分布特征。

表4-12　工人日生产零件分组表

零件分组/个	工人数/人
40～50	20
50～60	40
60～70	80
70～80	50
80～90	10
合　计	200

3. 两个菜场有关销售资料如表4-13所示。比较两个菜场价格的高低，并说明理由。

表 4-13　两个菜场销售资料　　单位：元

蔬菜名称	单价	销售额	
		甲菜场	乙菜场
A	2.5	2 200	1 650
B	2.8	1 950	1 950
C	3.5	1 500	3 000

4. 某班“统计学”课程成绩汇总如表 4-14 所示，计算平均成绩、标准差及标准差系数。

表 4-14　“统计学”课程成绩汇总

分数	学生人数/人
40～50	5
50～60	7
60～70	8
70～80	20
80～90	14
90～100	6

5. 对 10 名成年人和 10 名幼儿的身高(单位：厘米)进行抽样调查，结果如下。比较哪一组的身高差异大。

成年组　166　169　170　177　180　170　172　174　168　173
幼儿组　68　69　68　70　71　73　72　73　74　75

第五章　抽样、参数估计与样本容量

知识目标

(1)了解抽样推断的特点和作用。
(2)掌握不同抽样方法的误差计算。
(3)掌握总体数量特征的区间估计。
(4)掌握样本容量的确定。

能力目标

(1)能灵活应用误差的各种形式。
(2)能对总体参数进行估计。
(3)能得出不同抽样下的样本容量。

素质目标

(1)通过学习抽样推断的基本概念，学会看待事物要抓重点、抓关键的态度。
(2)通过学习参数估计的原理，学会要用全面的观点看问题、要有大局观。
(3)通过学习样本容量的测度，学会做事情要有“度”，过犹不及。

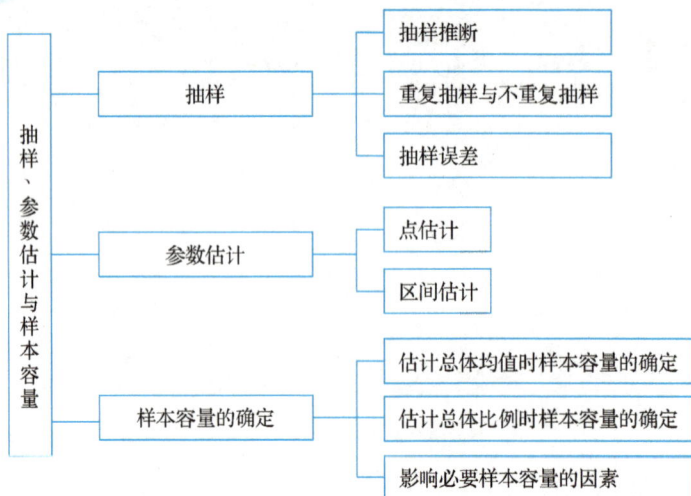

知识体系

- 抽样、参数估计与样本容量
  - 抽样
    - 抽样推断
    - 重复抽样与不重复抽样
    - 抽样误差
  - 参数估计
    - 点估计
    - 区间估计
  - 样本容量的确定
    - 估计总体均值时样本容量的确定
    - 估计总体比例时样本容量的确定
    - 影响必要样本容量的因素

案例引入

某电子厂准备上架一种新型电子产品，想通过调查大学生群体对其品牌的认知情况来评估广告的效果，从而制订下一步的市场推广方案。假设该企业在该地区的 60 000 名大学生中随机抽取 300 名大学生作为调查对象，进行消费行为与消费习惯调查，调查中的一个问题为“你听说过这个品牌吗?”。在这 300 名大学生中，有 87 名大学生的回答是“听说过”。根据对这一问题的回答，可以分析大学生这一消费群体对该品牌的认知情况。该企业的市场经理要求，根据这些样本，在 95%的置信水平下如何估计该地区所有大学生认知该品牌的比例的区间情况?

第一节 抽样

一、抽样推断

(一)抽样推断的概念

抽样推断是按照随机性原则，从总体中抽取一部分个体作为样本，通过对样本数据的观察计算，对总体的数量特征作出在一定可靠程度的推断，以达到认识总体的一种统计方法。

(二)抽样推断的特点

与其他统计调查方法相比，抽样推断方法具有省时、省力、方便、快捷的特点，从而能以较小的代价及时获得总体的有关信息。

(三)抽样推断的作用

某些现象不可能进行全面调查，为了解其全面资料就必须采用抽样推断方法。比如，对那些有破坏性或消耗性的产品进行质量检验，只能采用抽样推断的方法。

某些理论上可以进行全面调查的现象，采用抽样推断可以达到事半功倍的效果。比如，要了解全国城乡居民的家庭收入状况，虽然可以逐户地进行全面调查，但调查范围太大，调查单位太多，在实际操作中难以办到，也没有必要。

抽样推断可以对全面调查的结果进行评价和修正。比如，我国每十年一次人口普查，每五年进行抽样 1%的调查。

二、重复抽样与不重复抽样

抽样推断先要抽取样本，就具体方法而言，有重复抽样与不重复抽样之分。

(一)重复抽样

重复抽样又称有放回抽样或重置抽样。它是每抽出一个样本单位后，把结果记录下来，然后将该样本单位放回到总体中去，使它和其余的单位在下一次的抽选中具有同等被抽中的机会。在重复抽样过程中，总体单位数始终保持不变，并且同一个单位有多次被抽中的可能。在理论研究中，为了保证每次抽取的概率相等，经常默认为重复抽样。

(二)不重复抽样

不重复抽样又称不放回抽样或不重置抽样。它是每抽出一个样本单位后，把结果记录下来，该样本单位就不再放回到总体，不再去参与以后的抽选。在不重复抽样过程中，总体单位数逐渐减少，并且每个单位至多只有一次被抽中的可能。

特别提示

不重复抽样的结果，其精度要比重复抽样高，因为它的样本的代表性更好。

三、抽样误差

样本指标具有随机性，取值随着样本的变化而变化。例如，想要了解某校新生的身高情况，可以从入学新生这个总体中抽取一系列样本进行观察。如果计算出所抽取的各样本的平均身高，就会发现各个样本的平均数并不完全相等，彼此间存在一定的差异。因此，当用样本指标来代表总体指标时就会产生一定的误差，这种误差是抽样推断方法本身所固有的，所以称为抽样误差，也称为随机误差。

(一)抽样实际误差

抽样实际误差主要包括样本平均数与总体平均数的差数$(\bar{x}-\mu)$，样本比例与总体比例的差数$(p-\pi)$。抽样实际误差越小，表示样本的代表性越高；反之，代表性就越低。

在抽样过程中总体参数总是一个未知的常数，样本估计值与总体参数的真实值之间究竟有多大的差距，实际上是无法得知的。由于样本估计值是一个随机变量，随着每次抽出的样本不同而不同，某一次抽样结果的误差，仅仅是反复抽样中一系列抽样结果可能出现的误差数值中的一个，不能用它来概括一系列可能抽样结果所产生的所有实际误差。所以，在抽样调查理论中，采用抽样平均误差作为评价抽样误差大小的尺度。

(二)抽样平均误差

抽样平均误差就是抽样平均数或比例的标准差。在抽样推断中，一个总体可以抽取很多个样本，每个样本都可以算出它的抽样平均数或抽样比例。样本的结构不同，得到的结果也就各有不同，因而它们和总体平均数或总体比例之间就会有各种不同的误差。抽样平均误差就是说明各个抽样平均数或抽样比例与总体平均数或总体比例之间的平均误差。它是在用样本指标来估计或推断总体指标时，计算误差范围的基础。

设以$U_{\bar{x}}$和U_p分别代表抽样平均数或抽样比例的平均差，M表示样本的可能数目，则抽样平均误差的理论公式为：

$$U_{\bar{x}}=\sqrt{\frac{\sum_{i=1}^{M}(\bar{x}-\mu)^2}{M}}$$

$$U_p=\sqrt{\frac{\sum_{i=1}^{M}(p-\pi)^2}{M}}$$

样本的可能数目M是指在固定样本容量的前提下，从总体中抽取不同样本的可能数目，这个数目与抽样方式有关。如果从5个职工中抽取2个组成一个样本，在重复抽样条件下，一共可以组成5×5=25个样本；在不重复抽样条件下，一共可以组成5×4=20个样本。显然，这两种方式所得到的样本总数是不同的。

抽样平均数$\bar{x}$是个随机变量，由抽样平均误差的定义可知，抽样平均数的平均误差就是$\bar{x}$的标准差。以$u_{\bar{x}}$表示平均数的抽样平均误差，n表示样本的可能数目，如采取重复抽样，用数理统计知识可以证明平均数的抽样平均误差公式为：

$$u_{\bar{x}}=\sqrt{\frac{\sigma^2}{n}}=\frac{\sigma}{\sqrt{n}}$$

式中，σ 代表总体的标准差。当总体标准差 σ 未知时，一般可用样本标准差 s 来代替。

在重复抽样的情况下，抽样平均数的抽样平均误差仅为总体标准差的 $\frac{1}{\sqrt{n}}$（n 表示样本单位数），即样本平均数的标准差比总体平均数的标准差大大缩小。例如，当样本的单位数为 100 时，则平均数的标准差仅为总体标准差的 1/10。

在不重复抽样的情况下，用数理统计知识可以证明平均数的抽样平均误差公式为：

$$u_{\bar{x}}=\sqrt{\frac{\sigma^2}{n}\left(\frac{N-n}{N-1}\right)}$$

式中，N 表示总体单位数。当 N 很大时，上面的公式可以近似地表示为：

$$u_{\bar{x}}=\sqrt{\frac{\sigma^2}{n}\left(1-\frac{n}{N}\right)}$$

同理，当总体标准差未知时，也可以用样本标准差来代替总体标准差。

上面不重复抽样误差的近似公式与重复抽样误差公式的区别是多了一个 $\sqrt{1-\frac{n}{N}}$。这是一个修正系数，也称为校正因子。由于修正系数 $\sqrt{1-\frac{n}{N}}$ 是一个大于 0 而小于 1 的系数，因此，在同样情况下，不重复抽样的平均误差总是小于重复抽样的平均误差。当总体的单位数很大而样本的单位数相对很小时，则 $\sqrt{1-\frac{n}{N}}$ 接近于 1，这时修正系数的作用不大。因此，在实际工作中，按不重复抽样方法进行抽样时，也往往用重复抽样的公式来计算抽样平均误差。

【例 5.1】 从某校 8 000 名学生中随机抽取 400 人，称得平均体重为 64 千克，标准差为 10 千克，计算抽样平均误差。

解：$u_{\bar{x}}=\sqrt{\frac{\sigma^2}{n}}=\sqrt{\frac{s^2}{n}}=\sqrt{\frac{10^2}{400}}=0.5$（千克）

如果特别提出抽样方法是不重复抽样，那么

$$u_{\bar{x}}=\sqrt{\frac{\sigma^2}{n}\left(1-\frac{n}{N}\right)}=\sqrt{\frac{10^2}{400}\times\left(1-\frac{400}{8\ 000}\right)}\approx 0.49\text{（千克）}$$

抽样比例的抽样平均误差表明各样本比例数的绝对离差的平均水平。因而，比例的平均误差也就成了平均数的平均误差，只是这时总体的标准差为 $\sigma=\sqrt{\pi(1-\pi)}$（π 为总体比例），因此，当用 $\pi(1-\pi)$ 来代替平均数的平均误差公式中的 σ^2 时，即可得相应的抽样比例的平均误差计算公式。

在重复抽样条件下：

$$u_p=\sqrt{\frac{\pi(1-\pi)}{n}}$$

式中，u_p 为比例的抽样平均误差。

在不重复抽样的条件下：

$$u_p=\sqrt{\frac{\pi(1-\pi)}{n}\left(\frac{N-n}{N-1}\right)}$$

当总体单位数 N 很大时，u_p 可近似表示为：

$$u_p=\sqrt{\frac{\pi(1-\pi)}{n}\left(1-\frac{n}{N}\right)}$$

一般总体的比例是未知的，通常是用样本的比例 p 来代替公式中的总体比例 π。

【例 5.2】 有一批食品罐头共 60 000 瓶，从中随机抽取 300 瓶，发现有 6 瓶不合格，计算合格率的抽样平均误差。

解： 合格率 $p=\frac{300-6}{300}=0.98$

$$u_p=\sqrt{\frac{p(1-p)}{n}}=\sqrt{\frac{0.98\times(1-0.98)}{300}}\times100\%=0.008\ 08\times100\%\approx0.81\%$$

如果特别提出抽样方法是不重复抽样，那么在不重复抽样条件下：

$$u_p=\sqrt{\frac{p(1-p)}{n}\left(1-\frac{n}{N}\right)}=\sqrt{\frac{0.98\times(1-0.98)}{300}\left(1-\frac{300}{60\ 000}\right)}\times100\%\approx0.81\%$$

(三)抽样极限误差

抽样平均误差只是衡量误差可能范围的一种尺度。它并不等同于抽样指标与总体指标之间的真实误差。由于总体参数是一个确定的常数，而样本估计量会随抽取的样本不同而围绕总体参数上下随机取值。因此，样本估计量与总体参数之间存在一个误差范围。抽样误差范围就是指变动的样本估计值与确定的总体参数之间离差的可能范围，可用样本估计值与总体参数的最大绝对误差限 Δ 来表达。统计上称这一误差限 Δ 为抽样极限误差或抽样允许误差。

设 $\Delta_{\bar{x}}$ 和 Δ_p 分别表示样本平均数 $\bar{x}$ 和样本比例 p 的抽样极限误差，则有：

$$\Delta_{\bar{x}}\geqslant|\bar{x}-\mu|\text{；}\Delta_p\geqslant|p-\pi|$$

上式表明，抽样平均数或抽样比例在 $\mu\pm\Delta_{\bar{x}}$ 或 $\pi\pm\Delta_{\bar{p}}$ 之间变动。将上面的绝对值不等式展开可得：

$$\mu-\Delta_{\bar{x}}\leqslant\bar{x}\leqslant\mu+\Delta_{\bar{x}}$$
$$\pi-\Delta_p\leqslant p\leqslant\pi+\Delta_p$$

这些不等式表明，样本平均数 $\bar{x}$ 是以总体平均数 μ 为中心，在 $\mu\pm\Delta_{\bar{x}}$ 之间变动的；样本比例 p 是以总体比例 π 为中心，在 $\pi\pm\Delta_p$ 之间变动的。抽样误差范围是以 μ 或 π 为中心的两个 Δ 的距离。这是抽样极限误差的原意。但是，由于总体参数是未知的常数，而样本估计值是可以通过调查求得的，因此，也可以把上面的两个不等式改写成等价的另一种形式，即：

$$\bar{x}-\Delta_{\bar{x}}\leqslant\mu\leqslant\bar{x}+\Delta_{\bar{x}}$$
$$p-\Delta_p\leqslant\pi\leqslant p+\Delta_p$$

可见，抽样极限误差的实际意义就是希望总体平均数落在抽样平均数 $\bar{x}\pm\Delta_{\bar{x}}$ 的范围之内，总体比例落在抽样比例 $p\pm\Delta_p$ 的范围之内。

第二节　参数估计

一、点估计

(一)点估计的含义

点估计也称定值估计，就是以样本估计量直接代替总体参数的一种推断方法。当已知一个样本的观察值时，便可得到总体参数的一个估计值。例如，在某校学生体重的调查中，获知抽取的 400 名学生的平均体重为 64 千克，则认为该校 8 000 名学生的平均体重也是 64 千克。这种推断就是对总体平均数作了点估计。

点估计的优点在于它能够提供总体参数的具体估计值，可以作为行动决策的数量依据。例如，推销部门对某种产品估计出全年销售额数值，并分出每月销售额后，便可将数据传递给生产部门作为制订生产计划的依据，而生产部门又可将每月产量计划传递给采购部门作为制订原材料采购计划的依据等。点估计也有不足之处，它不能提供误差情况、误差程度等重要信息。

(二)点估计量的优良标准

一般来说，有三个基本的标准，满足了这三个标准就可以认为该估计量是优良的。

1. 无偏性

无偏性的直观意义是没有系统性误差。虽然每个可能样本的估计值不一定恰好等于未知总体参数，但如果多次抽样，应该要求各个估计值的平均数等于总体参数。也就是说，即从平均意义上，估计量的估计是没有偏差的，这一要求称为无偏性。一般来说，这是一个优良的估计量必须具备的性质。例如，样本平均数 $\overline{x}$ 和样本比例 p 分别满足：

$$E(\overline{x})=\mu;\ E(p)=\pi$$

式中，E 表示数学期望，即算术平均数。样本平均数(比例)是总体平均数(比例)的无偏估计。

2. 一致性

一致性要求用样本估计量估计和推断总体参数时要满足：样本容量 n 充分大时，样本估计量充分靠近总体参数。即随着 n 的无限增大，样本估计量与未知的总体参数之间的绝对离差任意小的可能性趋于实际的必然性。根据概率论中的大数定律可知，对于任意给定的正数 ε 有：

$$\lim_{n\to\infty}p(|\overline{x}-\mu|<\varepsilon)=1;\lim_{n\to\infty}p(|p-\pi|<\varepsilon)=1$$

上式表明，当样本容量越来越大时，样本平均数(样本比例)与总体平均数(总体比例)的偏差小于任意给定的正数 ε 的可能性趋近于 1 的概率，即几乎是一定发生的。因此，样本估计量是总体参数的一致估计量。

3. 有效性

有效性要求在样本估计量估计和推断总体参数时，作为估计量的标准差比其他估计量的标准差小。如果一个无偏估计量 $\hat{\theta}$ 在所有无偏估计量中标准差最小，即 $\sigma(\hat{\theta}_1)\leqslant\sigma(\hat{\theta})$，则 $\hat{\theta}_1$ 是有效估计量，或称该估计量具有有效性。显然，如果某总体参数具有两个不同的无偏估计量，应该选择标准差小的那个作为更有效的估计量。估计量的标准差越小，根据它推导出接近于总体参数估计的值的机会越大。

样本平均数(比例)推断总体平均数(比例)均能满足优良估计的三条标准。

二、区间估计

总体参数的区间估计就是依照一定的概率保证程度，用样本估计值估计总体参数取值范围的方法。

设总体参数为 θ，θ_L、θ_U 是由样本确定的两个统计量，对于给定的 $\alpha(0<\alpha<1)$，如果 $p(\theta_L\leqslant\theta\leqslant\theta_U)=1-\alpha$，则称$(\theta_L$、$\theta_U)$为参数 θ 的置信度为 $1-\alpha$ 的置信区间。该区间的两个端点 θ_L、θ_U 分别称为置信下限和置信上限。$1-\alpha$ 为置信度，称为置信水平或置信概率，表达了参数区间估计的可靠性。

若作为多次同样的抽样，将得到多个置信区间，其中有的区间包含了总体参数的真值，有的区间没有包含总体参数的真值。置信区间越小，说明估计的精确性越高；置信度越大，估计可靠性就越大。一般说来，在样本容量一定的前提下，精确度与置信度往往是相互矛盾的。若置信度增加，则区间必然增大，降低了精确度；若精确度提高，则区间缩小，置信度必然减小。要同时提高估计的置信度和精确度，就要增加样本容量。

如果对总体的平均数与比例做区间估计，以平均数为例：

$$\theta_L=\overline{x}-\Delta_{\overline{x}};\theta_U=\overline{x}+\Delta_{\overline{x}}$$

【例 5.3】 某公司有职工 3 000 人，采用不重复抽样方法从中随机抽取 60 人调查其工资收入情况。调查结果表明，职工的月平均工资为 6 268 元，标准差为 193 元，月收入在 6 000 元及以上职工 40 人。试以 95.45%的置信水平推断该公司职工月平均工资所在的范围和月收入在 6 000 元及以上职工在全部职工中所占的比重。

解：依题意计算如下：

$$\mu_{\overline{x}}=\sqrt{\frac{s^2}{n}\left(1-\frac{n}{N}\right)}=\sqrt{\frac{193^2}{60}\left(1-\frac{60}{3\ 000}\right)}=24.67$$

$\because 1-\alpha=95.45\%$，$\therefore z=2$ $\qquad \Delta_{\overline{x}}=z\mu_{\overline{x}}=2\times24.67=49.34$

$$\overline{x}-\Delta_{\overline{x}}\leqslant\mu\leqslant\overline{x}+\Delta_{\overline{x}}$$

$$6\ 268-49.34\leqslant\mu\leqslant6\ 268+49.34$$

$$6\ 218.66\leqslant\mu\leqslant6\ 317.34$$

计算结果表明，有 95.45%的把握说该公司职工月平均工资在 6 218.66～6 317.34 元。月收入在 6 000 元及以上职工在全部职工中所占的比重为：

$$p=\frac{40}{60}=66.67\%$$

$$\mu_p=\sqrt{\frac{p(1-p)}{n}\left(1-\frac{n}{N}\right)}=\sqrt{\frac{0.666\ 7(1-0.666\ 7)}{60}\left(1-\frac{60}{3\ 000}\right)}\times100\%=6.02\%$$

$$\Delta_p=z\mu_p=2\times6.02\%=12.04\%$$

$$p-\Delta_p\leqslant\pi\leqslant p+\Delta_p$$

$$66.67\%-12.04\%\leqslant\pi\leqslant66.67\%+12.04\%$$

$$54.63\%\leqslant\pi\leqslant78.71\%$$

计算结果表明，有 95.45%的把握说该公司月收入在 6 000 元及以上职工占全部职工的比重在 54.63%～78.71%。

再看我们开头的引例，假设该地区共有 60 000 名大学生，在该地区所有大学生中采用不重复抽样方法随机抽取了 300 名大学生，其中有 87 名大学生听说过该品牌的电子产品，如果以 95%的置信度，则可算出：

$$p=\frac{87}{300}=29\%$$

$$\mu_p=\sqrt{\frac{p(1-p)}{n}(1-\frac{n}{N})}=\sqrt{\frac{0.29(1-0.29)}{300}(1-\frac{300}{60\ 000})}\times 100\%\approx 0.068\%$$

所以：$\Delta_p=z\mu_p=1.96\times 0.068\%\approx 0.13\%$

$$p-\Delta_p\leqslant\pi\leqslant p+\Delta_p$$

$$29\%-0.13\%\leqslant\pi\leqslant 29\%+0.13\%$$

$$28.87\%\leqslant\pi\leqslant 29.13\%$$

所以，该地区所有大学生中认知该品牌的比例在 28.87%～29.13%的区间范围。

用 Excel 可以进行区间估计，计算过程更为简单。

【例 5.4】 某饭店抽取 49 位顾客的消费额(单位：元)如下。求在概率 90%的保证下，顾客平均消费额的估计区间。

15　24　38　26　30　42　18　30　25　26　34　44　20　35　24　26　34
48　18　28　46　19　30　36　42　24　32　45　36　21　47　26　28　31
42　45　36　24　28　27　32　36　47　53　22　24　32　46　26

用 Excel 进行区间估计的基本选项：数据→数据分析→描述统计→汇总统计/平均置信度。

操作步骤：

(1)打开“数据”菜单，单击“数据分析工具”，在“数据分析”中选择“描述统计”，打开“描述统计”对话框。

(2)在“输入区域”将原始数据所在的区域选中，在“输出区域”任选一单元格，勾选“汇总统计”“平均置信度”，并将“平均置信度”设置为 95。

(3)单击“确定”按钮，得到图 5-1 的计算结果。

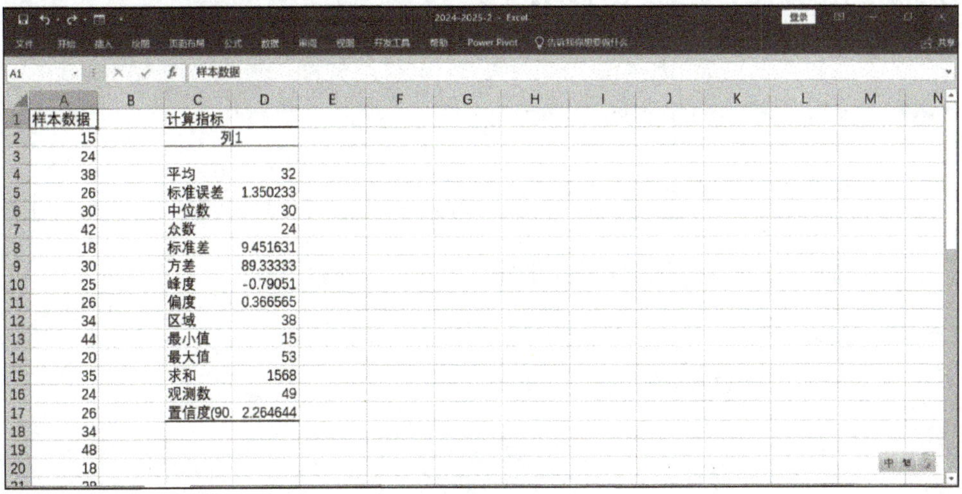

	A	B	C	D
1	样本数据		计算指标	
2	15		列1	
3	24			
4	38		平均	32
5	26		标准误差	1.350233
6	30		中位数	30
7	42		众数	24
8	18		标准差	9.451631
9	30		方差	89.33333
10	25		峰度	-0.79051
11	26		偏度	0.366565
12	34		区域	38
13	44		最小值	15
14	20		最大值	53
15	35		求和	1568
16	24		观测数	49
17	26		置信度(90.	2.264644
18	34			
19	48			
20	18			

图 5-1　参数估计数据及结果

第三节 样本容量的确定

在实际抽样调查中，确定一个合适的样本容量十分关键。样本容量过多，必然会增加人力、财力、物力的支出，造成不必要的浪费；而样本容量过小，又会导致抽样误差增大，达不到抽样所要求的准确程度。

因此，必要样本容量就是在保证误差不超过规定范围的条件下尽可能节省人、财、物的支出。

一、估计总体均值时样本容量的确定

(一)重复抽样

由 $\Delta_{\bar{x}}=z\mu_{\bar{x}}=z\sqrt{\frac{\sigma^2}{n}}$ 可得：

$$n=\frac{z^2\sigma^2}{\Delta_{\bar{x}}^2}$$

从上式可以看出，如果确定了抽样极限误差、总体标准差及概率度，就能确定必要样本容量。

(二)不重复抽样

由 $\Delta_{\bar{x}}=z\mu_{\bar{x}}=z\sqrt{\frac{\sigma^2}{n}\left(1-\frac{n}{N}\right)}$ 可得：

$$n=\frac{Nz^2\sigma^2}{N\Delta_{\bar{x}}^2+z^2\sigma^2}$$

【例 5.5】 某批发站欲估算零售商贩的平均每次进货额。根据历史资料，进货额的标准差为1 000元。假定到批发站进货的商贩有2 000人，若要求置信水平为99.73%，抽样极限误差不超过250元，计算应该抽取的样本数量。

解：$\because 1-\alpha=99.73\%$，$\therefore z=3$

重复抽样条件下的必要样本容量：$n=\frac{z^2\sigma^2}{\Delta_{\bar{x}}^2}=\frac{3^2\times 1\,000^2}{250^2}=144$

不重复抽样条件下的必要样本容量：$n=\frac{Nz^2\sigma^2}{N\Delta_{\bar{x}}^2+z^2\sigma^2}=\frac{2\,000\times 3^2\times 1\,000^2}{2\,000\times 250^2+3^2\times 1\,000^2}\approx 135$

二、估计总体比例时样本容量的确定

(一)重复抽样

由 $\Delta_p=z\mu_p=z\sqrt{\frac{p(1-p)}{n}}$ 可得：

$$n=\frac{z^2p(1-p)}{\Delta_p^2}$$

(二)不重复抽样

由 $\Delta_p=z\mu_p=z\sqrt{\frac{p(1-p)}{n}\left(1-\frac{n}{N}\right)}$ 可得：

$$n=\frac{Nz^2p(1-p)}{N\Delta_p^2+z^2p(1-p)}$$

【例 5.6】 某社区想通过抽样调查了解居民参加体育活动的比率，假设把误差范围设定在 5%，如果以 95%的置信度进行参数估计，计算需要的样本数量。

解：$\because 1-\alpha=95\%$，$\therefore z=1.96$

$$n=\frac{z^2p(1-p)}{\Delta_p^2}=\frac{1.96^2\times0.5\times0.5}{5\%^2}\approx385$$

三、影响必要样本容量的因素

为了确定必要样本容量，必须分析影响样本容量的因素。从样本容量计算公式可以看出，影响必要样本容量的因素主要有：①总体各单位标志变异程度，即总体方差的大小，总体标志变异程度越大，要求样本容量越大；②抽样极限误差的大小，抽样极限误差越大，要求样本容量越小；③抽样方法，在其他条件相同时，重复抽样比不重复抽样要求样本容量大；④抽样推断的概率保证程度的大小，概率越大，要求样本容量越大；⑤抽样方式，不同的抽样方式要求不同的样本容量。

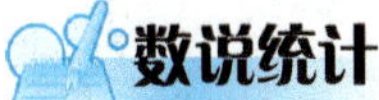

数说统计

学生平均身高置信区间的估算

将收集到的学生身高数据进行区间估计，估算出学生平均身高的置信区间。

第一步：打开数据文件，将数据调入 SPSS 当中。单击“分析”菜单，依次选择“比较均值”→“单样本 T 检验”，进入“单样本 T 检验”对话框。在该对话框中，将左侧的待分析变量“身高”变量选入“检验变量”对话框当中。

第二步：单击“选项”按钮，弹出“单样本 T 检验：选项”对话框，选择“单样本 T 检验：选项”当中的“均值”的“置信区间”百分比为 95%，单击“继续”按钮，回到主对话框。

第三步：单击“确定”按钮，显示的是“学生身高”变量的区间估计值的结果，如表 5-1 所示。

表 5-1　学生平均身高置信区间

项目	检验值=0					
	t	df	Sig.（双侧）	均值差值	差分的 95%置信区间	
					下限	上限
身高	125.175	31	0.000	173.406	170.581	176.232

从 SPSS 分析结果可以看出，在 95%的置信水平下，总体学生的平均身高参数处于 170.581 到 176.232 的区间范围。也可以使用探索模块进行区间估计，所得结果也是一样的。

实训项目

项目名称： 精确性试验。

实训目的： 通过课后实训，了解参数估计的意义。

实训内容：

全班分组，每组大约10名学生。

第一步：每个组的成员写下对组中学生身高的平均值的估计数。

第二步：每个组的成员都要报告他实际的身高值，并形成身高数据报告。

第三步：使用报告中的数据计算 $\bar{x}$(身高均值)和 s(标准差)，然后以95%的置信度构建均值 μ 的置信区间并进行估计，描述被估计的精确总体。将各组结果进行比较，确定哪个组的成员的 $\bar{x}$ 更接近 μ 的值。

课后练习

一、单项选择题

1. 抽样误差是指(　　)。

A. 在调查过程中由于观察、测量等差错所引起的误差

B. 在调查过程中违反随机原则出现的系统误差

C. 随机抽样而产生的代表性误差

D. 人为原因造成的误差

2. 在一定的抽样平均误差条件下，(　　)。

A. 扩大极限误差范围，可以提高推断的可靠程度

B. 扩大极限误差范围，会降低推断的可靠程度

C. 缩小极限误差范围，可以提高推断的可靠程度

D. 缩小极限误差范围，不改变推断的可靠程度

3. 总体均值和样本均值之间的关系是(　　)。

A. 总体均值是确定值，样本均值是随机变量

B. 总体均值是随机变量，样本均值是确定值

C. 两者都是随机变量

D. 两者都是确定值

4. 以下不属于点估计量的优良标准的是(　　)。

A. 无偏性　　B. 一致性　　C. 有效性　　D. 及时性

5. 样本容量是指(　　)。

A. 样本的个数　　B. 样本中所包含的单位数

C. 样本的大小　　D. 总体单位数

二、判断题

1. 抽样推断是利用样本资料对总体的数量特征进行估计的一种统计分析方法，因此，不可避免地会产生误差，这种误差的大小是不能进行控制的。(　　)

2. 在其他条件不变的情况下，提高抽样估计的可靠程度，可以提高抽样估计的精确度。(　　)

3. 在抽样推断中，作为推断的总体和作为观察对象的样本都是确定的、唯一的。(　　)

4. 抽样估计置信度就是表明抽样指标和总体指标的误差不超过一定范围的概率保证程度。(　　)

5. 抽样平均误差反映抽样的可能误差范围，实际上每次的抽样误差可能大于抽样平均误差，也可能小于抽样平均误差。（　）

三、综合题

1. 某地区粮食播种面积共 5 000 亩，按不重复抽样方法随机抽取了 100 亩进行实测。调查结果显示，平均亩产为 389.7 千克，亩产量的标准差为 52 千克。试以 95%的置信度估计该地区粮食平均亩产量的区间。

2. 某地对上年栽种的一批树苗共 3 000 株进行了抽样调查，随机抽查的 200 株树苗中有 170 株成活。试以 95.45%的概率估计该批树苗的成活率的置信区间和成活总数的置信区间。

3. 某企业从长期实践得知，其产品直径 X 服从正态分布 $N(15, 0.2^2)$。从某日产品中随机抽取 10 个，测得其直径分别为 14.8，15.3，15.1，15.0，14.7，15.1，15.6，15.3，15.5，15.1(单位：厘米)。在 95%和 99%的置信度下，求该产品直径平均数的置信区间。

4. 检验某食品厂本月生产的 10 000 袋产品的重量。根据上月资料，这种产品每袋重量的标准差为 25 克。要求在 95.45%的概率保证程度下，平均每袋重量的误差范围不超过 5 克，计算应抽查的产品数量。

5. 某企业对一批产品进行质量检验。这批产品的总数为 5 000 件，过去 3 次同类调查所得的产品合格率分别为 93%、95%和 96%。为了使合格率的允许误差不超过 3%，计算在 99.73%的概率下应抽查的产品数量。

第六章 假设检验

知识目标

(1)了解假设检验和参数估计的关系。

(2)掌握假设检验的基本思想。

(3)掌握一个总体的假设检验。

(4)了解两个总体的假设检验。

能力目标

(1)能对一个总体进行假设检验。

(2)能采用区间估计方法进行检验。

(3)能灵活使用 P 值检验。

素质目标

(1)通过对总体参数的检验，培养去伪存真的精神，坚持追求真理。

(2)在解决问题的过程中，要有独立思考的意识，不盲信不盲从。

(3)对同一问题可能存在不同的解决方案，要具备发散思维，探索从多个角度解决问题的方案。

知识体系

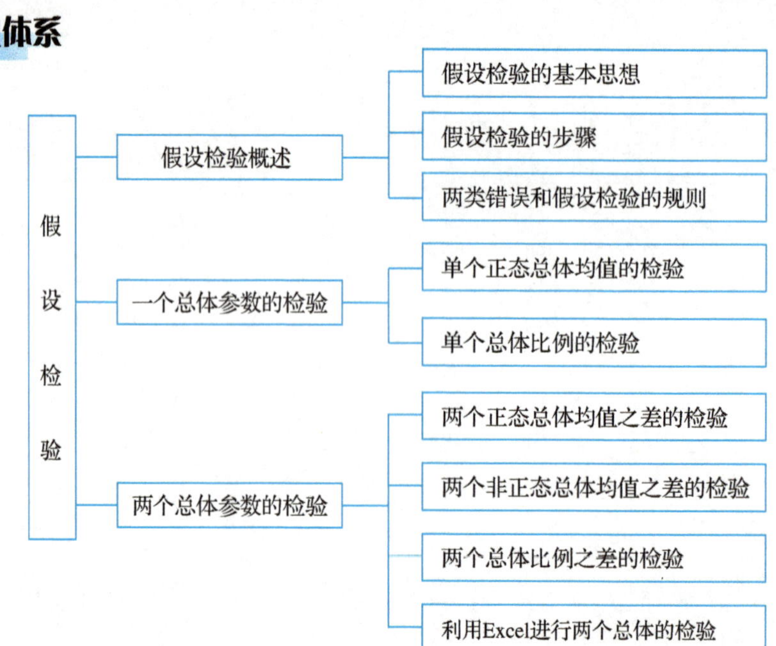

案例引入

为了比较某一品牌的新能源汽车在A市和B市的市场占有率，研究人员分别从A市和B市的市场上随机抽取了两批新能源汽车作为样本，每批样本各200辆。A市的样本中，该品牌的新能源汽车有9辆；B市的样本中，该品牌的新能源汽车有8辆。抽样的结果能否说明该品牌的新能源汽车在A市的占有率高于B市？

假设检验是与参数估计同等重要的又一类统计推断问题。假设检验技术不仅可以对总体分布的某些参数作出假设，而且也可以对总体本身的分布作出假设。通过对样本的统计分析来判定该假设是否成立，从而对总体分布给予进一步的确认。

第一节　假设检验概述

一、假设检验的基本思想

假设检验也称显著性检验，就是对一个关于总体参数的假设，利用样本资料来检验其真或伪的可能性。具体来说，假设检验就是利用样本资料计算出有关的检验统计量，再根据该统计量的抽样分布理论来判断样本资料对原假设是否有显著的支持性或排斥性，即在一定的概率下判断原假设是否合理，从而决定是否接受原假设。对总体参数(平均数、比例、方差等)所作的假设进行检验称为参数假设检验，简称参数检验。

【例6.1】　假如某饮料瓶的标签上标明的容量为250 mL，标准差为4 mL。如果从市场上随机抽取50瓶，发现其平均含量为248 mL。据此，可否断定饮料厂商欺骗了消费者？

分析：样本平均含量低于厂商声称的平均含量，原因大致有两种：一是由抽样误差引起的。如果样本平均数与总体平均数之差不大，未超出抽样误差范围，则可认为两者之差就是由抽样误差引起的，饮料厂商不存在欺诈行为。二是由饮料厂商短斤少两引起的，即饮料厂商存在欺诈行为。在这种情况下，样本平均数与总体平均数之差就会超出抽样误差范围，因为其差异是厂商的有意行为。

我们知道，抽样误差范围是与概率保证程度相联系的。对于正态分布总体，若取概率保证程度为99%，即厂商声称其产品的合格率可以达到99%，则样本平均数$\overline{x}$与总体平均数μ之差大于抽样平均误差$u_{\overline{x}}$的2.33倍，即$-2.33u_{\overline{x}}<\overline{x}-\mu$。也就是说，$\overline{x}-\mu\leqslant -2.33u_{\overline{x}}$或$\frac{\overline{x}-\mu}{\mu_{\overline{x}}}\leqslant-2.33$发生的概率只有1%，因此，$\frac{\overline{x}-\mu}{\mu_{\overline{x}}}\leqslant-2.33$是一个小概率事件。如果厂商的宣称是真的，随机抽取1件是次品的情况就几乎是不可能发生的。但如果这种情况确实发生了，就有理由怀疑原来的假设，即产品中只有1%次品的假设是否成立，这时就可以推翻原来的假设，可以作出厂商的宣称是假的这样一个推断。进行推断的依据就是小概率原理。当然，推断也可能会犯错误，即这100件产品中确实只有1件是次品，而恰好在一次抽取中被抽到了。所以这个例子中犯这种错误的概率是1%，也就是说在冒1%的风险作出厂商宣称是假的这样一个推断。由此可以看出，这里的1%正是前面所说的显著性水平。

假设检验的基本思想就是应用小概率的原理。所谓小概率原理，是指发生概率很小的随机事件在一次实验中是几乎不可能发生的。根据这一原理，可以作出是否接受原假设的决定。

解： $\bar{x}=248$，$\sigma=4$，$n=50$，假设 $\mu=250$；

则 $z=\dfrac{\bar{x}-\mu}{u_{\bar{x}}}=\dfrac{\bar{x}-\mu}{\sigma/\sqrt{n}}=\dfrac{248-250}{4/\sqrt{50}}\approx-3.54<-2.33$。

也就是说，对于一次抽样的结果，如果小概率事件发生了，这是不合常理的。可认为总体平均数 $\mu=250$ 这一假设不成立，$\mu<250$，即纸包装饮料的容量不足 250 mL，厂商有故意欺诈行为。

特别提示

假设检验的基本思想：先作出一个假设，然后依据小概率事件在一次抽样中实际上不会发生的推断原则，看这一假设是否会导致不合理的结果，从而判断是否拒绝原假设。

二、假设检验的步骤

第一步：提出原假设 H_0 和备择假设 H_1。原假设又称零假设，是对未知总体参数作出的、正待检验的假设。备择假设是对立假设，其含义是一旦否定原假设 H_0，这个假设 H_1 可供选择。例如，在【例 6.1】中，原假设 $H_0: \mu=250$，而备择假设是 $H_1: \mu<250$。

一般而言，μ 为总体某个参数。根据具体问题，备择假设有三种选择：①若原假设 $H_0: \mu=\mu_0$，备择假设 $H_1: \mu\neq\mu_0$，这种类型的假设检验称为双侧检验；②若原假设 $H_0: \mu\leqslant\mu_0$，备择假设 $H_1: \mu>\mu_0$，这种类型的假设检验称为右侧检验；③若原假设 $H_0: \mu\geqslant\mu_0$，备择假设 $H_1: \mu<\mu_0$，这种类型的假设检验称为左侧检验。右侧检验和左侧检验统称为单侧检验。采用双侧检验还是单侧检验，应视所研究的问题的性质而定。

第二步：确定检验统计量。所确定的检验统计量应与原假设相关，即与待检验的参数相关，且能够知道当原假设 H_0 为真时该统计量的具体分布。例如，在【例 6.1】中，检验统计量为 $z=\dfrac{\bar{x}-\mu}{\mu_{\bar{x}}}=\dfrac{\bar{x}-\mu}{\sigma/\sqrt{n}}$，它服从标准正态分布 $N(0, 1)$。

第三步：给定显著性水平和确定相应的临界值。显著性水平表示假设 H_0 为真时拒绝原假设的概率，也就是拒绝原假设所冒的风险，用 α 表示。α 一般取值很小，常取值为 0.1、0.05 或 0.01。给定了显著性水平 α，也就确定了原假设 H_0 的接受区域和拒绝区域。这两个区域的交界点就是临界值。比如 $\alpha=0.05$，则意味着原假设 H_0 为真时，检验统计量落在其拒绝区域内的概率只有 5%，而落入其接受区域内的概率为 95%。

应当指出的是，对于同一的显著性水平 α，选择不同的检验统计量，得到的临界值是不同的。对于同一的显著性水平 α 和同一的统计量，双侧检验和单侧检验的临界值也是不同的，双侧检验的拒绝区域位于统计量分布曲线的两侧；左侧检验的拒绝区域位于统计量分布曲线的左侧；右侧检验的拒绝区域位于统计量分布曲线的右侧。假设检验的接受区域和拒绝区域，如图 6-1 所示。

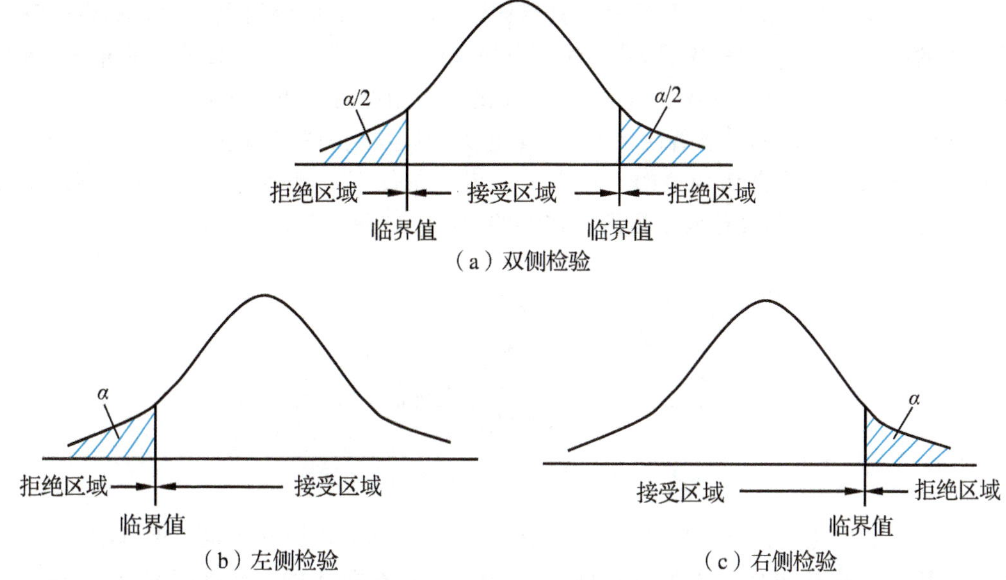

图 6-1　假设检验的接受区域和拒绝区域

第四步：计算检验统计量。假设检验中所研究的问题的类型、变量的分布、研究目的，都决定选择何种检验方法，检验方法与检验统计量有关。在假设检验中，根据样本观测结果计算得到的，并据以对原假设和备择假设作出决策的某个标准化的样本统计量，称为检验统计量。根据样本观测值直接计算出来的样本统计量是一个点估计量，如样本均值 $\bar{x}$ 就是一个点估计量。点估计量需要进行标准化后才能作为检验统计量。

因此，检验统计量可以由以下公式计算：

$$标准化检验统计量=\frac{点估计量-假设值}{点估计量的抽样标准差}$$

第五步：作出决策。依据假设检验的规则，由样本资料计算出检验统计量的实际值，并与临界值进行比较。如果检验统计量的值落在拒绝区域内，说明样本所描述的情况与原假设有显著性差异，应拒绝原假设；反之，则接受原假设。

三、两类错误和假设检验的规则

假设检验中拒绝原假设 H_0，是在认为小概率事件在一次抽样中实际上不会发生的前提下作出的，事实上小概率事件有时也可能发生；接受原假设 H_0，是因为拒绝它的理由还不充分，并非认为它绝对正确。因此，由假设检验作出的判断不可能百分之百地正确。一般来说，决策结果可归纳为如表 6-1 所示的四种情况。

表 6-1　假设检验决策结果表

情况	H_0 是真实的	H_0 是不真实的
拒绝 H_0	第Ⅰ类错误(α)	正确
接受 H_0	正确	第Ⅱ类错误(β)

由假设检验作出的决策既可能犯“弃真错误”，又可能犯“取伪错误”。“弃真错误”称作假设检验的第Ⅰ类错误，“取伪错误”称作假设检验的第Ⅱ类错误。假设检验犯第Ⅰ类错误的原因是，在原假设为真的情况下，检验统计量不巧刚好落入小概率的拒绝区域。因此，第Ⅰ类错误发生的概率就是显著性水平 α，第Ⅱ类错误发生的概率记为 β。

概率 α 与概率 β 是密切相关的。在样本一定的条件下，减小 α，就增大了 β；反之，增大 α，就减小了 β。假设检验中犯两类错误的情况，如图 6-2 所示。

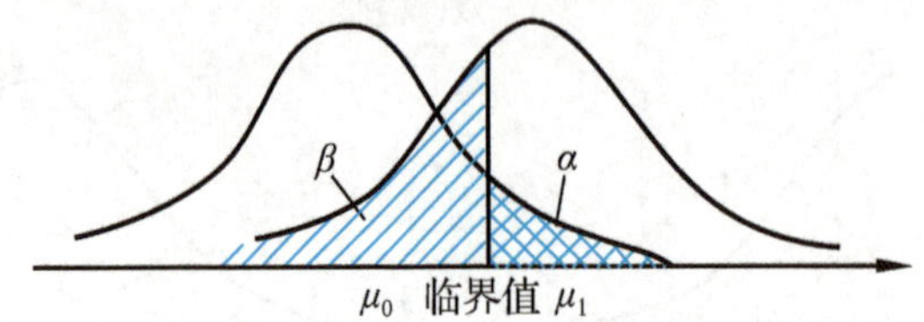

图 6-2 假设检验中犯两类错误情况示意图

这里用法庭对被告进行审判的实例来说明。由于法庭采用无罪推定的审判准则，在证明被告有罪之前先假定他是无罪的，即“原假设 H_0：被告无罪，备择假设 H_1：被告有罪”。法庭可能犯的第Ⅰ类错误是被告无罪但判他有罪，即冤枉了好人；第Ⅱ类错误是被告有罪但判他无罪，即放过了坏人。为了减少冤枉好人的概率 α，应尽可能接受原假设，判被告无罪，而这有可能增大了放过坏人的概率 β；反过来，为了不放过坏人，减少放过坏人的概率 β，相应地就又增加了冤枉好人的可能性 α。当然，这只是在一定的证据下的两难选择。如果进一步收集有关的证据，在充分的证据下，就有可能做到既不冤枉好人，又不放过坏人。

鉴于犯第Ⅰ类错误与第Ⅱ类错误的概率 α 与 β 的相互关系，在一定的样本容量下，期望两者都非常小是困难的。

特别提示

在假设检验中，有一个公认的原则，即在控制犯第Ⅰ类错误的概率 α 的条件下，尽可能使犯第Ⅱ类错误的概率 β 减小。在假设检验实践中，原假设要受到维护，使它不致被轻易否定；若要否定原假设，必须有充分的理由。

第二节 一个总体参数的检验

一、单个正态总体均值的检验

样本 x_1，x_2，…，x_n 来自正态总体 $N(\mu, \sigma^2)$。

(一)总体方差 σ^2 已知

构造检验统计量：

$$z=\frac{\bar{x}-\mu_0}{\sigma/\sqrt{n}}$$

当 $\mu=\mu_0$ 时，z 服从 $N(0, 1)$。给定显著性水平 α，则有以下几种情况。

1. $H_0: \mu=\mu_0$，$H_1: \mu\neq\mu_0$

检验规则：当 $|z|\geqslant z_{\frac{\alpha}{2}}$ 时，拒绝 H_0；当 $|z|<z_{\frac{\alpha}{2}}$ 时，不能拒绝 H_0。

2. $H_0: \mu\leqslant\mu_0$，$H_1: \mu>\mu_0$

检验规则：当 $z\geqslant z_\alpha$ 时，拒绝 H_0；当 $z<z_\alpha$ 时，不能拒绝 H_0。

3. $H_0: \mu\geqslant\mu_0$，$H_1: \mu<\mu_0$

检验规则：当 $z\leqslant -z_\alpha$ 时，拒绝 H_0；当 $z>-z_\alpha$ 时，不能拒绝 H_0。

【例 6.2】　某企业从长期实践中得出结论，其产品直径 X 服从正态分布 $N(15, 0.2^2)$。从某日产品中随机抽取 10 个，测得其直径分别为 14.8，15.3，15.1，15.0，14.7，15.1，15.6，15.3，15.5，15.1(单位：厘米)。在显著性水平 $\alpha=0.05$ 和 $\alpha=0.01$ 时，该产品直径是否符合直径为 15.0 厘米的质量标准？

解：依题意建立假设 $H_0: \mu=15.0$，$H_1: \mu\neq15.0$。

计算检验统计量 $z=\dfrac{\overline{x}-\mu_0}{\sigma/\sqrt{n}}=\dfrac{15.15-15.0}{0.2/\sqrt{10}}\approx2.37$。

若取显著性水平 $\alpha=0.05$，则由标准正态分布表，得 $z_{0.025}=1.96$，从而拒绝 H_0，即认为直径不符合质量标准；若取显著性水平 $\alpha=0.01$，则由标准正态分布表，得 $z_{0.005}=2.58$，从而不能拒绝 H_0，即认为没有充分的理由说明直径不符合质量标准。

【例 6.3】　某企业职工上月平均奖金为 3 500 元。本月随机抽取 50 人来调查，其平均奖金为 3 510.4 元。现假定本月职工收入服从正态分布 $N(3\,500, 35^2)$，在 0.05 的显著性水平下，能否认为该企业职工平均奖金本月比上月有明显提高？

解：依题意建立假设 $H_0: \mu\leqslant3\,500$，$H_1: \mu>3\,500$。

计算检验统计量 $z=\dfrac{\overline{x}-\mu_0}{\sigma/\sqrt{n}}=\dfrac{3\,510.4-3\,500}{35/\sqrt{50}}\approx2.101$。

显著性水平 $\alpha=0.05$ 时，则由标准正态分布表，得 $z_{0.05}=1.65$，从而拒绝 H_0，即认为该企业职工平均奖金本月比上月有明显提高。

(二)总体方差 σ^2 未知

构造检验统计量：

$$t=\frac{\overline{x}-\mu_0}{s/\sqrt{n}}$$

式中，s 是样本标准差。

当 $\mu=\mu_0$ 时，t 服从 $t(n-1)$。给定显著性水平 α，则有以下几种情况。

1. $H_0: \mu=\mu_0$，$H_1: \mu\neq\mu_0$

检验规则：当 $|t|\geqslant t_{\frac{\alpha}{2}}(n-1)$ 时，拒绝 H_0；当 $|t|<t_{\frac{\alpha}{2}}(n-1)$ 时，不能拒绝 H_0。

2. $H_0: \mu\leqslant\mu_0$，$H_1: \mu>\mu_0$

检验规则：当 $t\geqslant t_\alpha(n-1)$ 时，拒绝 H_0；当 $t<t_\alpha(n-1)$ 时，不能拒绝 H_0。

3. $H_0: \mu\geqslant\mu_0$，$H_1: \mu<\mu_0$

检验规则：当 $t\leqslant -t_\alpha(n-1)$ 时，拒绝 H_0；当 $t>-t_\alpha(n-1)$ 时，不能拒绝 H_0。

【例 6.4】　已知某机床厂职工用一条旧生产线加工零件所需操作时间服从正态分布。根据历史资料可知，职工加工 1 个零件平均所需时间为 16 分钟。工厂拟采用一条新的生产线，随机抽取 10 名职工进行操作，测试结果平均所需时间为 13.5 分钟，标准差为 3.2 分钟。试问在 0.01 的显著性水平下，采用新的生产线后平均操作时间有无明显缩短？

解：H_0：$\mu \geqslant 16$；H_1：$\mu < 16$。

计算检验统计量 $t=\dfrac{\bar{x}-\mu_0}{s/\sqrt{n}}=\dfrac{13.5-16}{3.2/\sqrt{10}}\approx -2.47$。

若取显著性水平 $\alpha=0.01$，则由 t 分布表，得 $-t(9)_{0.01}=-2.82$，从而不能拒绝 H_0，即没有足够的证据说明采用新的生产线后平均操作时间有显著缩短。

特别提示

t 检验一般用于小样本检验，往往是已知正态总体但方差未知。随着样本容量 n 的增大，t 分布趋近于标准正态分布。所以，在大样本情况下，当总体方差未知时，对总体均值的假设检验可近似采用 z 检验。对于非正态总体，在大样本的情况下，对总体均值的假设检验时也可采用 z 检验；如果 σ 未知，可以用 s 替代。

二、单个总体比例的检验

比例是指具有某一特征的总体单位在总体中所占的比重，用 π 表示。如果将具有该特征的总体单位赋值 1，不具有该特征的总体单位赋值 0，则总体成数为总体均值，相应的总体方差为 $\pi(1-\pi)$。同理，样本成数 p 是一种样本均值。在大样本情况下，满足 $np>5$、$nq>5$，根据中心极限定理，p 服从 $N\left(\pi, \dfrac{\pi(1-\pi)}{n}\right)$。

构造检验统计量：

$$z=\frac{p-\pi_0}{\sqrt{\dfrac{\pi_0(1-\pi_0)}{n}}}$$

当 $\pi=\pi_0$ 时，z 服从标准正态分布 $N(0, 1)$。因此，总体成数的检验采用 z 检验。

【例 6.5】 在过去的一年内，某公司的生意有 30%是赊账交易，70%是现金交易。最近一个含有 100 笔交易的样本显示有 40 笔是赊账交易。若取显著性水平为 0.05，该公司的赊账交易比例是否有所变化？

解：依题意建立假设 H_0：$\pi=30\%$，H_1：$\pi\neq 30\%$。

计算检验统计量 $z=\dfrac{p-\pi_0}{\sqrt{\dfrac{\pi_0(1-\pi_0)}{n}}}=\dfrac{40\%-30\%}{\sqrt{\dfrac{30\%\times 70\%}{100}}}\approx 2.18$。

因为 $z_{0.025}=1.96$，从而拒绝 H_0，即认为该公司的赊账交易比例已经有所变化。

【例 6.6】 某公司负责人发现开出去的发票有大量笔误，而且断定这些发票中，错误的发票占 20%以上。随机检查 400 张，发现错误的发票占 25%。是否可以证明负责人的判断正确(显著性水平为 0.05)？

解：依题意建立假设 H_0：$\pi\leqslant 0.2$，H_1：$\pi>0.2$。

计算检验统计量 $z=\dfrac{p-\pi_0}{\sqrt{\dfrac{\pi_0(1-\pi_0)}{n}}}=\dfrac{0.25-0.2}{\sqrt{\dfrac{0.2\times 0.8}{400}}}=2.5$。

因为 $z_{0.05}=1.65$，从而拒绝 H_0，即认为负责人的判断正确。

第三节　两个总体参数的检验

一、两个正态总体均值之差的检验

样本 $x_1, x_2, \cdots, x_{n_1}$ 来自正态总体 $N(\mu_1, \sigma_1^2)$，$y_1, y_2, \cdots, y_{n_2}$ 来自正态总体 $N(\mu_2, \sigma_2^2)$。

(一)两个总体方差 σ_1^2 和 σ_2^2 已知

构造检验统计量：

$$z=\frac{\bar{x}-\bar{y}}{\sqrt{\frac{\sigma_1^2}{n_1}+\frac{\sigma_2^2}{n_2}}}$$

当 $\mu_1=\mu_2$ 时，z 服从 $N(0, 1)$，因此采用 z 检验。

【例 6.7】 假设某种羊毛的含脂率服从正态分布，且处理前后的方差均为 36。处理前采 10 个样，测得平均含脂率为 27.3；处理后采 8 个样，测得平均含脂率为 13.75。处理前后羊毛含脂率有无显著变化($\alpha=0.05$)？

解：依题意建立假设 $H_0: \mu_1=\mu_2$，$H_1: \mu_1\neq\mu_2$。

计算检验统计量 $z=\frac{(\bar{x}-\bar{y})}{\sqrt{\frac{\sigma_1^2}{n_1}+\frac{\sigma_2^2}{n_2}}}=\frac{27.3-13.75}{\sqrt{\frac{36}{10}+\frac{36}{8}}}\approx 4.76$。

由标准正态分布表，得 $z_{0.025}=1.96$，从而拒绝 H_0，即认为处理前后羊毛含脂率有显著变化。

(二)两个总体方差 σ_1^2 和 σ_2^2 未知，但 $\sigma^2=\sigma_1^2=\sigma_2^2$

构造检验统计量：

$$t=\frac{\bar{x}-\bar{y}}{s_p\sqrt{\frac{1}{n_2}+\frac{1}{n_2}}}$$

式中，$s_p=\sqrt{\frac{(n_1-1)s_1^2+(n_2-1)s_2^2}{n_1+n_2-2}}$。

当 $\mu_1=\mu_2$ 时，t 服从 $t(n_1+n_2-2)$，因此采用 t 检验。

【例 6.8】 某废水中的镉含量服从正态分布，现用标准方法与新方法同时测定该样本中镉含量。其中，新方法测定 10 次，平均测定结果为 5.28 ug/L，标准差为 1.11 ug/L；标准方法测定 9 次，平均测定结果为 4.03 ug/L，标准差为 1.04 ug/L。两种测定结果有无显著性差异？

解：依题意建立假设 $H_0: \mu_1=\mu_2$，$H_1: \mu_1\neq\mu_2$。

$s_p=\sqrt{\frac{(n_1-1)s_1^2+(n_2-1)s_2^2}{n_1+n_2-2}}=\sqrt{\frac{9\times1.11^2+8\times1.04^2}{10+9-2}}=\sqrt{1.16}\approx 1.08$。

根据检验统计量 $t=\dfrac{\bar{x}-\bar{y}}{s_p\sqrt{\dfrac{1}{n_1}+\dfrac{1}{n_2}}}=\dfrac{5.28-4.03}{1.08\sqrt{\dfrac{1}{10}+\dfrac{1}{9}}}=2.53$。

取显著性水平 $\alpha=0.05$，$t_{0.025}(17)=2.11$，从而拒绝 H_0，即认为两种测定结果有显著性差异。

二、两个非正态总体均值之差的检验

样本 x_1，x_2，…，x_{n_1} 和 y_1，y_2，…，y_{n_2} 来自两个非正态总体，样本容量 n_1 和 n_2 较大(≥30)。

构造检验统计量：

$$z=\frac{\bar{x}-\bar{y}}{\sqrt{\dfrac{\sigma_1^2}{n_1}+\dfrac{\sigma_2^2}{n_2}}}\text{或 }z=\frac{\bar{x}-\bar{y}}{\sqrt{\dfrac{s_1^2}{n_1}+\dfrac{s_2^2}{n_2}}}$$

当 $\mu_1=\mu_2$ 时，z 服从或近似服从 $N(0,\ 1)$。因此，两个非正态总体均值之差的检验可采用 z 检验。这里的计算量比较大，可以利用计算机上的统计软件进行计算。

三、两个总体比例之差的检验

在大样本条件下，两个样本成数之差的抽样分布近似为正态分布。若令：

$$z^*=\frac{p_1-p_2}{\sqrt{\dfrac{\pi_1(1-\pi_1)}{n_1}+\dfrac{\pi_2(1-\pi_2)}{n_2}}}$$

由于 z^* 含有未知参数 π_1 和 π_2，所以不能成为检验统计量。当 $\pi_1=\pi_2$ 时，π_1 和 π_2 的联合估计值为 $p=\dfrac{n_1p_1+n_2p_2}{n_1+n_2}$，故 p_1-p_2 标准差的估计值为：

$$\sqrt{\frac{p(1-p)}{n_1}+\frac{p(1-p)}{n_2}}$$

取检验统计量：

$$z=\frac{p_1-p_2}{\sqrt{\dfrac{p(1-p)}{n_1}+\dfrac{p(1-p)}{n_2}}}$$

在大样本条件下，当 $\pi_1=\pi_2$ 时，z 近似服从标准正态分布 $N(0,\ 1)$。因此，两个总体比例之差的检验可采用 z 检验。

【例 6.9】 为了研究地势对小麦锈病发病率的影响，调查了低洼地麦田小麦 378 株，其中锈病株 342 株；还调查了高坡地麦田小麦 396 株，其中锈病株 313 株。若取显著性水平为 0.01，比较两块麦田小麦锈病发病率是否有显著差异。

解：依题意建立假设 H_0：$\pi_1=\pi_2$，H_1：$\pi_1\neq\pi_2$。

$p_1\approx\dfrac{342}{378}\approx0.905$，$p_2=\dfrac{313}{396}\approx0.790$，$p=\dfrac{n_1p_1+n_2p_2}{n_1+n_2}=\dfrac{342+313}{378+396}\approx0.846$。

计算检验统计量 $z=\dfrac{p_1-p_2}{\sqrt{\dfrac{p(1-p)}{n_1}+\dfrac{p(1-p)}{n_2}}}=\dfrac{0.905-0.790}{\sqrt{\dfrac{0.846\times0.154}{378}+\dfrac{0.846\times0.154}{396}}}\approx4.43$

取 $\alpha=0.01$，$z_{0.005}=2.58$，$z>z_{0.005}$，从而拒绝 H_0，即认为两块麦田小麦锈病发病率有显著差异。

四、利用 Excel 进行两个总体的检验

【例 6.10】 某厂铸造车间为提高缸体的耐磨性，试制了一种镍合金铸件以取代铜合金铸件。现从两种铸件中各抽一个样本进行硬度测试(表示耐磨性的一种考核指标)，结果如下。

镍合金铸件(X)　72.0　69.5　74.0　70.5　71.8　72.0

铜合金铸件(Y)　69.8　70.0　72.0　68.5　73.0　70.0

根据以往经验，硬度 $X\sim N(\mu_1,\sigma_1^2)$，$Y\sim N(\mu_2,\sigma_2^2)$，且 $\sigma_1=\sigma_2=2$。试在 $\alpha=0.05$ 水平上比较镍合金铸件硬度有无显著提高。

解：

第一步：输入数据到工作表。

第二步：单击“数据”菜单，选择“数据分析”选项，在弹出的对话框中选择“双样本平均差分析”，如图 6-3 所示。

第三步：按图 6-3 所示输入后，单击“确定”按钮，得出的结果如图 6-4 所示。

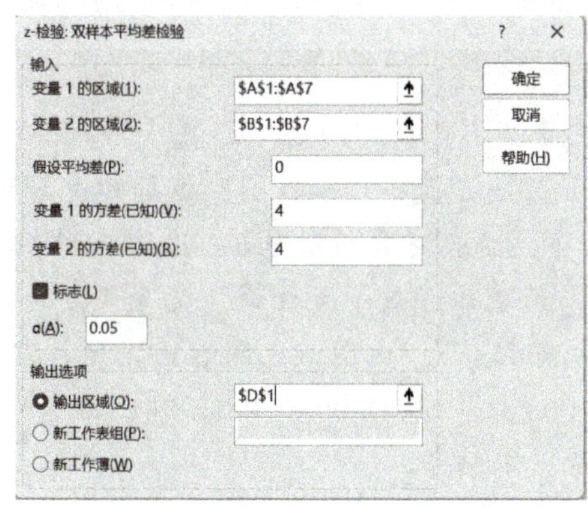

图 6-3　“双样本平均差检验”对话框

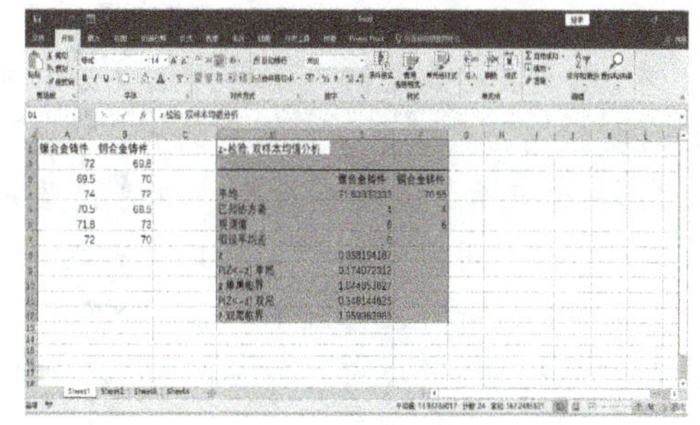
图 6-4　双样本平均差分析结果

在上面的结果中，可以根据 P 值进行判断，也可以根据统计量和临界值比较进行判断。如果采用的是单尾检验，其单尾 P 值为 0.174 072，大于给定的显著性水平 0.05，所以应该接受原假设，即镍合金铸件硬度没有明显提高。若用临界值判断，得出的结论是一样的。如果本例 z 值为 0.938 194，小于临界值 1.644 853，由于是右尾检验，所以也是接受原假设。

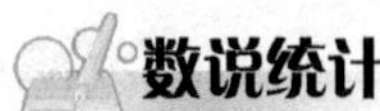

数说统计

ST公司与非ST公司净利润的差异分析

为研究分析ST公司与非ST公司净利润是否存在显著差异，随机抽查了30家ST和非ST公司，收集了它们的相关数据，并分析两者净利润之间是否存在显著性差异。

打开数据，依次选择“分析”→“比较平均值”→“独立样本 T 检验”命令，进入“独立样本 T 检验”对话框。以“净利润”为检验变量，“ST类型”为分组变量，单击“定义组”按钮，在“使用指定的值”单选项下输入之前定义“ST类型”的数值，“0”表示非ST公司，“1”表示ST公司，所以分别输入“0”和“1”。单击“继续”按钮回到上一层界面，最后单击“确定”按钮，提交系统分析。

ST类型		个案数	均值	标准差	标准误差平均值
净利润	非ST公司	15	7 830.887	7 778.358	2 008.363
	ST公司	15	−2 233.097	3 766.592	972.529

图6-5 两样本统计量

		莱文方差等同性检验		平均值等同性 t 检验						
		F	显著性	t	自由度	显著性(双尾)	平均值差值	标准误差差值	差值95%置信区间	
									下限	上限
净利润	假定等方差	8.295	0.008	4.510	28	0.000	10 063.983	2 231.443	5 493.079	14 634.887
	不假定等方差			4.510	20.223	0.000	10 063.983	2 231.443	5 412.570	14 715.397

图6-6 独立样本检验

图6-5和图6-6是系统提供的主要分析结果。图6-5是ST和非ST公司的统计量。要用这些信息验证两个样本各自的总体是否有差异，因此还需利用图6-6进行分析。

(1)判断两者方差是否相等。利用 F 检验判断两总体方差是否相等，其原假设为ST公司与非ST公司净利润方差没有显著差异(即方差相等)。由图6-6可看出，F 检验统计量为8.295，所对应的概率 p 值(显著性)为0.008。当 $p=0.008<0.05$ 时，拒绝原假设，即可以认为ST公司与非ST公司净利润的方差不相等。

(2)判断两总体均值是否有差异。前面已经证明ST公司与非ST公司净利润的方差不相等，这时选择图6-6中第二行的数据，即“不假定等方差”那一行的数据，进行两独立样本 T 检验。如果遇到两样本方差相等的情况，则选择第一行“假定等方差”相关 t 统计量的值。两独立样本 T 检验的原假设为ST公司与非ST公司净利润均值没有显著差异。由图6-6第二行数据可看出，t 检验统计量为4.510，其所对应的概率 p 值(显著性)为0.000。当 $p=0.000<0.05$ 时，拒绝原假设，可以认为ST公司与非ST公司净利润均值有显著差异。

T 检验在这里是双侧检验，只能说明两总体是否有差异，如果想要判断两总体均值的高低，只要参考图6-5中的均值便可。图6-5中显示ST公司的净利润为7 830.887，而非ST公司的净利润为−2 233.097，由此可以判断ST公司的净利润要显著高于非ST公司。

实训项目

项目名称： 趣味假设检验。

实训目的： 了解假设检验的基本思想。

实训内容：

3～4 人组成一个小组，选择小组中的一人作为测试对象。在一张小纸条上画一个圆圈，在另一张相同的纸条上画一个方块，将这个实验重复 20 次。随机选出圆圈或方块，放在被测对象的身后，让被测试对象说出形状(不能看)，记下回答正确的次数。

检验假设：如果测试对象正确回答次数的比例大于 0.5，那么实验成功。

课后练习

一、单项选择题

1. 在假设检验中，显著性水平 α 是表示(　　)。

A. 原假设为真时被拒绝的概率　　B. 原假设为假时被接受的概率

C. 原假设为真时被接受的概率　　D. 原假设为假时被拒绝的概率

2. 在一次假设检验中，当显著性水平 $\alpha=0.05$，H_0 被接受时，则 $\alpha=0.01$，(　　)。

A. 一定会被接受　　B. 一定不会被接受

C. 可能会被接受　　D. 必须重新检验

3. 某茶厂规定其盒装的茶叶每盒的平均重量不低于 200 克，否则不能出厂。现对一批盒装的茶叶进行检验，要求其规定的可靠性要达到 99%。其原假设和备择假设应该是(　　)。

A. $H_0: \mu=200$，$H_1: \mu\neq 200$　　B. $H_0: \mu<200$，$H_1: \mu\geqslant 200$

C. $H_0: \mu\geqslant 200$，$H_1: \mu<200$　　D. $H_0: \mu>200$，$H_1: \mu\leqslant 200$

4. 设正态总体，均值 μ 和方差 σ^2 未知。$H_0: \mu=\mu_0$，$H_1: \mu\neq\mu_0$，显著性水平为 α，采用大样本，则统计量 z 的拒绝域为(　　)。

A. $z<-z_\alpha$　　B. $z>z_\alpha$　　C. $|z|>z_{\alpha/2}$　　D. $|z|<z_{\alpha/2}$

5. 两个非正态总体的均值比较，采用 z 检验时必须(　　)。

A. 两个总体的方差均相等　　B. 两个样本的容量要相等

C. 两个总体的方差不相等　　D. 两个样本均为大样本

二、填空题

1. 正态总体均值的假设检验，$H_0: \mu\geqslant\mu_0$，$H_1: \mu<\mu_0$，这种检验称为________检验。若显著性水平为 α 且为大样本，拒绝域为________。

2. 正态总体均值的假设检验，$H_0: \mu\leqslant\mu_0$，$H_1: \mu>\mu_0$，显著性水平 α，这种检验称为________检验。若总体方差 σ_2 已知且为小样本，拒绝域为________。

3. 正态总体的假设检验，$H_0: \mu=\mu_0$，$H_1: \mu\neq\mu_0$，称作________检验。若方差未知且为小样本，显著水平为 α，拒绝域为________。

4. 若假设检验中其他条件不变，显著性水平 α 的取值越小，接受 H_0 的可能性________，原假设为真而被拒绝的概率________。

5. 当原假设为真时被拒绝的错误称作________，当原假设为假时被接受的错误称作________。

三、综合题

1. 已知罐头番茄汁中维生素C的含量服从正态分布，假设维生素C的平均含量超过21毫克才算合格。现从一批罐头中随机抽取17罐，算得维生素C的含量的平均值为23毫克，标准差为3.98。该批罐头维生素C的含量是否合格($\alpha=0.05$)?

2. 某企业管理者认为，该企业职工对工作环境不满意的人数至少占职工总人数的20%。随机抽取100人，调查得知其中有26人对工作环境不满意。

(1)在显著性水平为0.1的情况下，该调查结果是否支持该管理者的说法?

(2)若检验的显著性水平为0.05，又有何结论?

3. 某厂家在广告中声称，该厂生产的汽车轮胎在正常条件下行驶距离超过目前的平均水平115 000千米。对一个由15个轮胎组成的随机样本做了试验，得到样本均值和标准差分别为117 000千米和5 000千米。假定轮胎寿命服从正态分布，判断该厂家的广告和所声称的内容是否真实。($\alpha=0.05$)

4. 某地区小麦的一般生产水平为亩产370千克，其标准差为30千克。现用一种化肥进行试验，从25个小区抽样，平均产量为410千克。这种方法是否使小麦明显增产($\alpha=0.05$)?

5. 对某建筑材料产品分别在100 ℃和200 ℃的温度条件下各做了8次试验，测得断裂力的数据(千克)如下。

100 ℃：20.5，18.8，19.8，20.9，21.5，19.5，21.0，21.2

200 ℃：17.7，20.3，20.0，18.8，19.0，20.1，20.2，19.1

假设断裂力服从正态分布，在显著性水平为0.05下进行检验，可否认为两种温度下的断裂力均值相等?

第七章　时间序列分析

知识目标

(1)掌握时间序列的概念、分类和编制原则。

(2)掌握时间序列的水平分析指标和速度分析指标。

(3)掌握时间序列的构成因素分析。

能力目标

(1)能利用各种动态分析指标和方法对现实经济问题进行分析。

(2)能对现实中的时间序列案例进行构成因素分析，并进行长期趋势和季节变动分析。

(3)能编制时间序列分析报告。

素质目标

(1)通过对我国现实问题的学习，增强民族自豪感和归属感。

(2)坚持唯物辩证法，用发展的观点探索规律，培养全局观念，增强大局意识。

(3)通过学习时间序列模型的发展变化趋势，明白必须脚踏实地，一步一个脚印，成功没有捷径。

知识体系

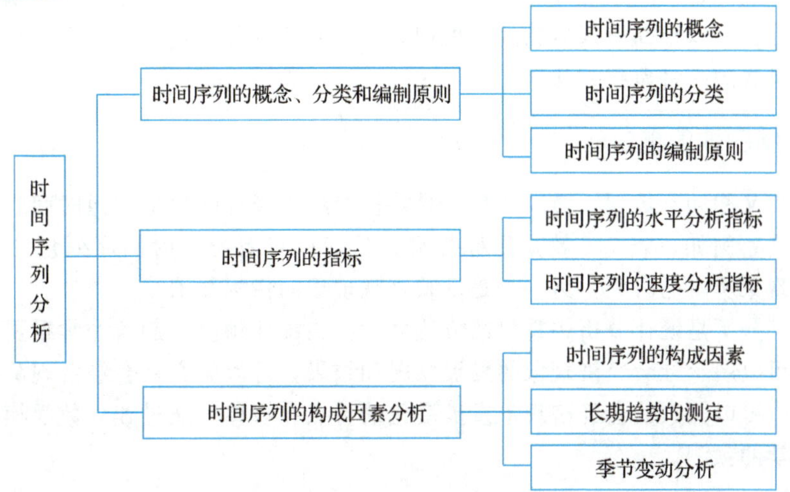

案例引入

居民人均可支配收入指标是居民可以用来自由支配的收入，标志着居民的购买力水平，是反映居民收入水平的核心指标，也是用来衡量人民生活水平的重要依据之一。从图7-1中可以看出，2014—2023年我国的居民人均可支配收入指标数据呈直线型增长趋势。人均可支配收入持续上升的原因主要和国家经济迅速发展、国家综合实力提升有着密切的关系。此外，随着近几年营商环境向好及收入分配政策的改革，也提高了我国居民的人均可支配收入的水平。

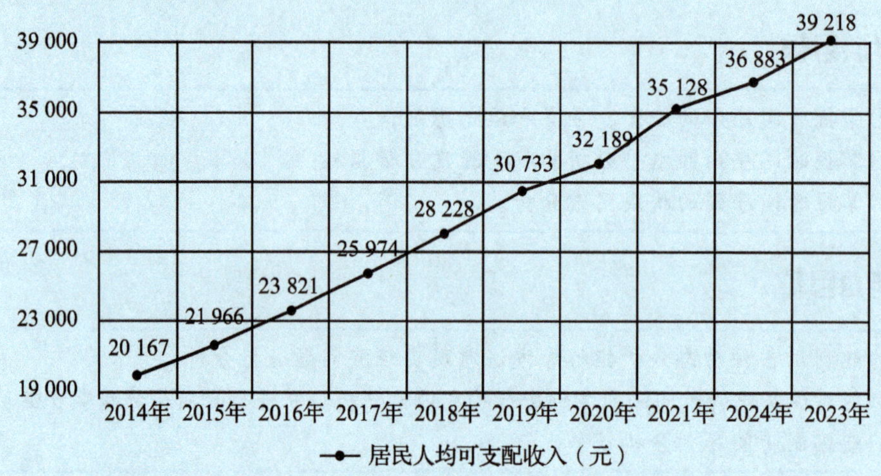

图7-1　2014—2023年我国的居民人均可支配收入

对居民人均可支配收入进行预测是国民经济研究的热点之一，时间序列模型预测法是较常使用的一种方法。该方法就是以时间作为自变量建立模型，对人均可支配收入的长期趋势进行预测。

第一节　时间序列的概念、分类和编制原则

事物的发展都是不断运动和变化的，并且具有一定的规律性。通过观察现象随时间变化的数量特征，可以帮助发现事物的发展规律。时间序列分析正是对现象的运动和发展变化进行动态考察的一种重要方法。

一、时间序列的概念

时间序列又称动态数列、时间数列，是将社会经济指标的数值按照时间顺序加以排列而形成的数列。例如，表7-1就是指标数列，从表中可看出，时间序列包含两个基本要素：一个是现象所属的时间，另一个是反映客观现象的指标数值。

时间序列分析是统计分析中重要的方法之一，在统计预测中起着非常重要的作用。编制时间序列可以展示社会经济现象的发展状况和结果，可以研究社会经济现象的发展趋势和发展速度，可以探索社会经济现象发展变化的特点和规律。通过建立数学模型，对未来情况进行科学的预测。

表 7-1 2018—2023 年我国年末总人口数、国内生产总值、人均国内生产总值

年份	年末总人口数/万人	国内生产总值/亿元	人均国内生产总值/元
2018	140 541	919 281.1	65 534
2019	141 008	986 515.2	70 078
2020	141 212	1 013 567.0	71 828
2021	141 260	1 149 237.0	81 370
2022	141 175	1 204 724.0	85 310
2023	140 967	1 260 582.1	89 358

二、时间序列的分类

按所列指标的表现形式，可将时间序列分为绝对数时间序列、相对数时间序列和平均数时间序列。

(一)绝对数时间序列

绝对数时间序列是由一系列绝对数指标，按时间顺序排列而成的数列。绝对数时间序列反映了现象的总规模、总水平的发展变化水平，是时间序列中最基本的表现形式。

按指标所属时间状况的不同，绝对数时间序列又可分为时期序列和时点序列。

1. 时期序列

(1)时期序列的概念。时期序列是指所列总量指标都是反映社会经济现象在一段时间内发展过程的总量。

(2)时期序列的特点。

①可相加性。时期序列的各指标数值可以相加。因为构成时期序列的每个指标数值都是反映社会经济现象在一段时期内发展过程的总量，所以各指标数值相加后可反映更长时间社会经济发展过程的总量。

②直接相关性。指标数值的大小与所属时间的长短有直接关系。一般指标所属的时期越长，指标数值也越大。

③连续性。时期序列中各指标的数值是经过连续不断地登记取得的，这些数据反映了现象在一段时间内的发展过程总量。为了获得所需指标数值，应先把这段时间现象发生的数量进行逐一登记，然后再进行加总。

2. 时点序列

(1)时点序列的概念。时点序列是指按时间发生的先后顺序排列而形成的序列，其指标数值反映事物在某一瞬间点的现存总量。

(2)时点序列的特点。

①不可相加性。时点序列中各时点的指标数值相加没有实际的经济意义。

②各指标数值的大小与其时间间隔无直接关系。例如，年末的固定资产总额不一定比年内各月末的固定资产总额大。

③一次性。时点序列中各指标值一般通过一次性登记取得，其指标数值反映的是在某一时点的状况。例如，在进行人口普查时，就只需在规定时点进行统计，不必连续进行登记。

(二)相对数时间序列

相对数时间序列是由一系列相对数指标按时间顺序排列而成的数列，反映现象之间对比关系的发展变化情况和规律。相对数时间序列可以是两个时期数、两个时点数或一个时期数与一个时点数对比计算而成。在相对数时间序列中，各个指标数值不能相加。

(三)平均数时间序列

平均数时间序列是由一系列平均数按时间顺序排列而成的数列，反映社会经济现象总体各单位某一数量标志值一般水平的发展变化趋势。平均数时间序列中，各个指标数值不能相加。

三、时间序列的编制原则

编制时间序列要遵循的基本原则就是保证指标的可比性，其关键就是选择合适的时间间隔。

(一)时间间隔应该相同

对时期序列而言，各个指标值的大小与时期长短有直接关系，时间间隔长短不一致会造成判断和比较的困难。对时点序列来说，指标数值的大小与时点间隔的长短虽然无直接关系，但为了便于比较分析，各指标数值间的间隔最好相等。

(二)采用适当的时间间隔

事物的发展都是连续的，但对其进行统计观测却只能采用离散采样的方法，即每隔一定时间进行观测记录时，得到的数据都是离散时间数列。理论上讲，在相同时间间隔下，时间间隔越小，所得到的观测值数列越能准确反映所考察事物的运动过程。但时间间隔缩短，就意味着采样和分析处理的工作量加大。所以，在编制时间序列选取适当间隔时，既要考虑使采集到的时间序列能准确反映所考察事物的运动特质，又要考虑经济成本的问题。在实际中，常用的时间间隔有一月、一季、一年，得到的时间序列对应的是月份资料时间序列、季度资料时间序列和年度资料时间序列。

此外，编制时间序列时还需注意，指标经济内容的一致性、指标值所属的总体范围的一致性及指标计算方法和计量单位的一致性。

第二节　时间序列的指标

一、时间序列的水平分析指标

(一)发展水平与增长量

1. 发展水平

发展水平是指时间序列中每个指标的数值，反映社会经济现象在不同时期或时点所达到的总量。在时间序列中，各个指标值用 y_i 表示，其中 $i=0$，1，2，…，n。通常 y_0 和 y_n 分别称为期初水平和期末水平，其余为中间水平。

根据发展水平在动态分析中的不同作用，通常将所研究的那个时期水平称为报告期水平，用来比较的基础时期水平称为基期水平。

2. 增长量

增长量是报告期水平和基期水平之差，反映所考察事物在一定时期内增长或减少的绝对数量。

采用的基期水平不同，增长量可分为逐期增长量和累计增长量。

$$逐期增长量 = y_i - y_{i-1} \quad i=1, 2, \cdots, n$$

$$累计增长量 = y_i - y_0 \quad i=1, 2, \cdots, n$$

累计增长量等于相应各期的逐期增长量之和，即：

$$y_i - y_0 = (y_i - y_{i-1}) + (y_{i-1} - y_{i-2}) + (y_{i-2} - y_{i-3}) + (y_{i-3} - y_{i-4}) + \cdots + (y_1 - y_0)$$

此外，还可以计算本期发展水平和上年同期发展水平之差，该指标称为年距增长量，用来反映不同年份相同季节的实际变动情况。

(二)平均发展水平与平均增长水平

1. 平均发展水平

平均发展水平又称序时平均数，是根据时间序列中各期发展水平加以平均得到的平均数，可用于说明现象在不同时间发展变化的一般水平。

根据时间序列种类的不同，可按以下几种情况进行平均发展水平的计算，如图 7-2 所示。

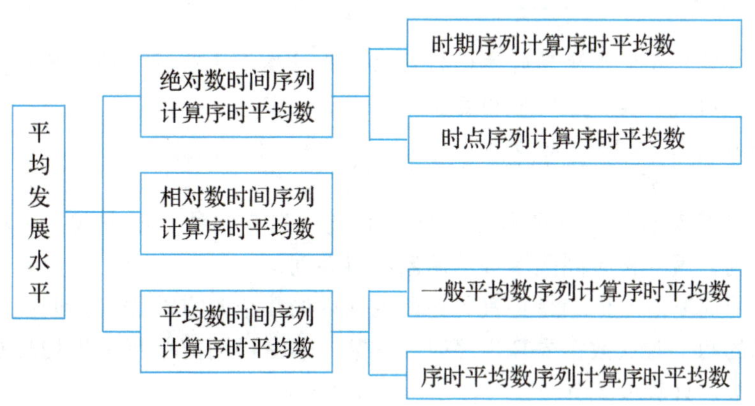

图 7-2　平均发展水平计算

(1)绝对数时间序列计算序时平均数。

①由时期序列计算序时平均数。时期序列各指标数值具有可加性，所以由时期序列计算序时平均数采用简单算术平均法即可。计算公式如下：

$$\bar{y} = \frac{\sum_{i=1}^{n} y_i}{n}$$

式中，$\bar{y}$ 为序时平均数；y_i 为各期发展水平；n 为时期项数。

【例 7.1】 根据表 7-1 中的国内生产总值指标，计算 2018—2023 年我国平均每年的国内生产总值。

解： $\bar{y} = \frac{919\ 281.1 + 986\ 515.2 + \cdots + 1\ 260\ 582.1}{n} = 1\ 088\ 984.4$(亿元)

②由时点序列计算序时平均数。在社会统计中，一般“一天”是最小的时点单位。如果

时点序列是以“天”为单位进行登记的时点指标依次排列而成，就称为连续时点序列；如果时点序列是以大于“天”的单位(如月、季、年等)进行登记的时点指标排列而成，则称为间断时点序列。

a. 连续时点序列计算序时平均数。如果连续时点序列是由逐日登记的时点指标排列形成，则其序时平均数计算方法同时期序列，采用简单算术平均法；如果时点指标也是以“天”为单位进行登记，但只在指标值发生变动时才进行登记，这种连续时点序列的序时平均数在计算时采用加权算术平均法，计算公式如下：

$$\bar{y}=\frac{\sum f_i y_i}{\sum f_i}$$

式中，f_i 为每次指标值持续时间长度。

【例 7.2】 某单位4月职工人数变动资料，如表7-2所示。试求该单位4月平均职工人数。

表 7-2　某单位某年4月职工人数变动资料　　单位：人

日期	1—10日	11—26日	27—30日
职工人数	800	780	830

解：职工人数只在发生变动时才进行更改，所以属于连续时点序列的第二种情况，需要用加权算术平均法计算其序时平均数。

$$\bar{y}=\frac{800\times10+780\times16+830\times4}{30}\approx793(\text{人})$$

b. 间断时点序列计算序时平均数。间断时点序列有两种登记方式：一种是间隔相等的间断时点序列，另一种是间隔不等的间断时点序列。

间隔相等的间断时点序列是指资料为研究期内的几个时点数据，其间隔相等。在计算时，可将相邻的两个时点数据先算出序时平均数，然后再用简单算术平均法求整个研究时期的序时平均数。计算公式如下：

$$\bar{y}=\frac{\frac{y_1+y_2}{2}+\frac{y_2+y_3}{2}+\cdots+\frac{y_{n-1}+y_n}{2}}{n-1}=\frac{\frac{1}{2}y_1+y_2+\cdots+y_{n-1}+\frac{1}{2}y_n}{n-1}$$

这种方法也可简化记为时点序列首尾两项数值折半，加上中间各项数值，再除以项数减1，称为“首尾折半法”。

【例 7.3】 根据表7-1中的数据，计算2018—2023年我国平均每年的人口数。

解：本题中年末人口数序列是间断且间隔相等的时点序列，所以应采用“首尾折半法”计算。需注意的是，首项应为2019年年初人口数，在假设两时点间的指标数值均匀变动的前提下，可采用2018年年底人口数，而末项用2023年年末人口数，具体计算如下所示：

$$\bar{y}=\frac{\frac{140\ 541}{2}+141\ 008+141\ 212+141\ 260+141\ 175+\frac{140\ 967}{2}}{5}=141\ 081.8(\text{万人})$$

间隔不等的间断时点序列是指资料为研究期内的几个时点数据，但间隔不等。在计算序时平均数时，可用间隔长度作权数计算加权算术平均数。计算公式如下：

$$\bar{y}=\frac{\frac{y_1+y_2}{2}f_1+\frac{y_2+y_3}{2}f_2+\cdots+\frac{y_{n+1}+y_n}{2}f_{n-1}}{f_1+f_2+\cdots+f_{n-1}}$$

式中，f_i 为时间间隔。

【例 7.4】 根据表 7-3 中的数据，计算该公司年均职工人数。

表 7-3　某公司 2023 年职工人数变动表　　单位：人

时间	1 月 1 日	4 月 1 日	8 月 1 日	10 月 1 日	12 月 31 日
职工人数	300	400	700	900	800

解：该公司 2023 年平均职工人数为：

$$\bar{y}=\frac{\frac{300+400}{2}\times3+\frac{400+700}{2}\times4+\frac{700+900}{2}\times2+\frac{900+800}{2}\times3}{3+4+2+3}\approx617(\text{人})$$

需要注意的是，根据间断时点序列计算序时平均数时都会假定研究现象在相邻两个时点之间的变动都是均匀的，但实际中现象的变动都不是均匀的，因此应尽可能缩短时点间隔，以使结果尽量接近实际情况。

(2)相对数时间序列计算序时平均数。相对数时间序列是由两个有联系的绝对数时间序列对比构成的，故其各指标值不具备可加性。计算序时平均数的思路：先计算构成相对数时间序列的分子项和分母项这两个绝对数时间序列的序时平均数，分别记作 $\bar{a}$ 和 $\bar{b}$，然后再把这两个序时平均数进行对比，就可得到相对数时间系列的序时平均数。其计算公式为：

$$\bar{c}=\frac{\bar{a}}{\bar{b}}$$

式中，$\bar{c}$ 为相对数时间序列的序时平均数。

根据相对数时间序列的构成情况，可分三种情况计算其序时平均数：第一种是分子分母同为时期序列，如【例 7.5】；第二种是分子分母同为时点序列，如【例 7.6】；第三种是分子序列与分母序列的性质不同，一个为时期序列，另一个为时点序列，如【例 7.7】。

【例 7.5】 某商场 2023 年第二季度各月销售计划完成情况，如表 7-4 所示。试求该商场第二季度平均每月销售计划的完成程度。

表 7-4　某商场 2023 年第二季度各月销售计划完成情况

月份	计划销售额/万元	计划完成程度
4 月	300	80%
5 月	400	90%
6 月	500	100%

解：$\bar{y}=\frac{\bar{a}}{\bar{b}}=\frac{\overline{yb}}{\bar{b}}=\frac{\frac{\sum yb}{n}}{\frac{\sum b}{n}}=\frac{\sum yb}{\sum b}=\frac{300\times0.8+400\times0.9+500\times1}{300+400+500}\times100\%\approx91.7\%$

此例题分子实际销售完成序列没有直接给出，需要利用所给条件求出。在实际应用时，应根据掌握的资料求出所需数据，才能使用$\bar{c}=\dfrac{\bar{a}}{\bar{b}}$。

【例7.6】 某企业2023年6月至9月各月末职工人数，如表7-5所示。试计算该企业第三季度生产工人占全部职工的平均比重。

表7-5 某企业第三季度各月末职工人数统计表

月份	生产工人数a/人	职工人数b/人	生产工人占全部职工比重c
6月	700	800	87.5%
7月	690	798	86.5%
8月	705	805	87.6%
9月	713	810	88.0%

解：此例题分子、分母两序列均为间断时点序列，且间隔相等。分子、分母计算序时平均数时采用“首尾折半法”，首项数据用6月末数据，代替7月初数据。

$$\bar{c}=\frac{\bar{a}}{\bar{b}}=\frac{\left(\frac{1}{2}a_1+a_2+a_3+\frac{1}{2}a_4\right)/3}{\left(\frac{1}{2}b_1+b_2+b_3+\frac{1}{2}b_4\right)/3}\times 100\%\approx 87.3\%$$

商品流转次数等于报告期商品销售额与报告期平均商品库存额的商，是反映商业企业组织商品流转工作质量的指标。流转次数高，说明企业用较少的商品储存获得了较大的销售业绩；反之，则说明企业销售不畅。

【例7.7】 某企业第四季度商品流转资料，如表7-6所示。试计算该企业第四季度平均商品流转次数。

表7-6 某企业第四季度商品流转统计表

月份	商品销售额a/万元	月末库存额b/万元	商品流转次数c/次
9月	—	500	—
10月	380	490	0.77
11月	400	600	0.73
12月	440	550	0.77

解：此例题分子是时期序列，分母是间隔相等的时点序列。其计算方法为：

$$\bar{c}=\frac{\bar{a}}{\bar{b}}=\frac{\dfrac{\sum a_i}{n}}{\dfrac{\frac{1}{2}b_1+b_2+\cdots+b_n+\frac{1}{2}b_{n+1}}{(n+1)-1}}=\frac{\sum a_i}{\frac{1}{2}b_1+b_2+\cdots+b_n+\frac{1}{2}b_{n+1}}$$

$$=\frac{380+400+440}{\frac{500}{2}+490+600+\frac{550}{2}}\approx 0.76(\text{次})$$

(3)平均数时间序列计算序时平均数。平均数时间序列可分为由一般平均数构成和由序时平均数构成两种情况。如果是由一般平均数构成的平均数时间序列，计算序时平均数的思路与相对数时间序列计算序时平均数相同。如果是由序时平均数构成的平均数时间序列，在计算序时平均数时，由于各个指标本身已是按序时平均法计算的结果，如果数列中各个指标的时间间隔相同，可用简单算术平均法计算；如果时间间隔不同，可用加权算术平均法计算，间隔长度为权数。

2. 平均增长水平

平均增长水平又称平均增长量，是逐期增长量的序时平均数，可用来说明现象在一定时期内平均每期增长的数量。平均增长量等于逐期增长量之和与逐期增长量的个数的比值。

【例 7.8】 根据表 7-1 资料，计算我国 2018—2023 年年平均增加人口数。

解： 先根据资料计算 2018—2023 年年末我国人口数动态指标，如表 7-7 所示。

表 7-7　2018—2023 年年末我国人口数动态分析　　单位：万人

年份	年末人口数	逐期增长量	累计增长量	年份	年末人口数	逐期增长量	累计增长量
2018	140 541	—	—	2021	141 260	48	719
2019	141 008	467	467	2022	141 175	−85	634
2020	141 212	204	671	2023	140 967	−208	426

$$年平均增加人口数=\frac{467+204+48-85-208}{5}=85.2(万人)$$

二、时间序列的速度分析指标

(一)发展速度

发展速度是两个不同时期发展水平对比所得的动态相对指标，可用来反映社会经济现象发展变化的相对程度。发展速度的计算方法为报告期水平与基期水平之比。

按照采用的基期不同，发展速度又可分为定基发展速度和环比发展速度。

1. 定基发展速度

定基发展速度是指报告期水平与某一固定时期水平之比，用来说明现象在较长时期内总的发展速度。其计算公式为：

$$\frac{y_1}{y_0},\ \frac{y_2}{y_0},\ \cdots,\ \frac{y_n}{y_0}$$

2. 环比发展速度

环比发展速度是报告期水平与前一期水平之比，用来说明现象逐期发展变化的程度。其计算公式为：

$$\frac{y_1}{y_0},\ \frac{y_2}{y_1},\ \cdots,\ \frac{y_n}{y_{n-1}}$$

根据以上两式，可以很容易得出关于环比发展速度和定基发展速度的两个结论：一是定基发展速度等于相应环比发展速度的乘积，二是相邻时期的定基发展速度之商等于相应时期的环比发展速度。利用这两个关系，可以进行两种发展速度间的转换计算。

3. 年距发展速度

年距发展速度又称同比发展速度，是本期发展水平与上年同期发展水平之比。为了消除季节因素的影响，常用年距发展速度指标来反映不同年份相同季节实际变动的相对程度。

(二)增长速度

增长速度又称增长率，是增长量与基期水平之比，用来反映现象增长或减少程度的相对指标。增长速度等于发展速度减1。若发展速度比1大，增长速度为正，表明现象的增长程度；若发展速度比1小，则增长速度为负，表明现象的减少程度。

按照所采用基期的不同，可将增长速度分为环比增长速度、定基增长速度和年距增长速度三类。

环比增长速度＝环比发展速度－1

定基增长速度＝定基发展速度－1

年距增长速度＝年距发展速度－1

【例7.9】 表7-8为某企业2019—2023年的净利润资料，根据所给资料，计算该企业净利润环比发展速度、环比增长速度、定基发展速度和定基增长速度。

表7-8 某企业2019—2023年的净利润资料 单位：万元

年份	2019年	2020年	2021年	2022年	2023年
净利润	5 800.00	3 428.29	5 635.55	4 070.47	3 886.47

解：根据表7-8中的数据，可得该企业2019—2023年的净利润的逐期增长量和累计增长量，如表7-9所示。

表7-9 某企业2019—2023年净利润资料分析 单位：万元

年份	净利润/万元	逐期增长量/万元	累计增长量/万元
2019年	5 800.00	—	—
2020年	3 428.29	－2 371.71	－2 371.71
2021年	5 635.55	2 207.26	－164.45
2022年	4 070.47	－1 565.08	－1 729.53
2023年	3 886.47	－184.00	－1 913.53

(1)2020年：

环比发展速度＝3 428.29÷5 635.55×100％≈59.11％

环比增长速度＝59.11％－1＝－40.89％

定基发展速度＝3 428.29÷5 800.00×100％≈59.11％

定基增长速度＝59.11％－1＝－40.89％

(2)2021年：

环比发展速度＝5 635.55÷3 428.29×100％≈164.38％

环比增长速度＝164.38％－1＝64.38％

定基发展速度＝5 635.55÷5 800.00≈97.16％

定基增长速度＝97.16％－1＝－2.84％

(3)2022 年：

环比发展速度＝4 070.47÷5 635.55×100％≈72.23％

环比增长速度＝72.23％－1＝－27.77％

定基发展速度＝4 070.47÷5 800.00≈70.18％

定基增长速度＝70.18％－1＝－29.82％

(4)2023 年：

环比发展速度＝3 886.47÷4 070.47×100％≈95.48％

环比增长速度＝95.48％－1＝－4.52％

定基发展速度＝3 886.47÷5 800.00≈67.01％

定基增长速度＝67.01％－1＝－32.99％

想一想

如何理解“高水平难以高速度，而低水平却高速度”这种说法？

(三)平均发展速度

平均发展速度是各个时期环比发展速度的序时平均数，可以说明社会经济现象在较长时期内速度变化的平均程度。由于平均发展速度是根据现象在各个时期对比得到的动态相对数进行计算的，故不能直接应用前述序时平均数的计算方法。

在实际工作中，常用几何平均法和方程式法计算平均发展速度。

1. 几何平均法

当只侧重考察现象在最后一期应达到的水平时，可用几何平均法计算发展的平均速度。计算公式如下：

$$\overline{x}=\sqrt[n]{x_1\cdot x_2\cdot \cdots \cdot x_n}=\sqrt[n]{\prod x}$$

式中，$\overline{x}$ 为平均发展速度；x 为各年环比发展速度；n 为环比发展速度的项数。

几何平均法的计算依据：现象发展总速度不等于各年发展速度之和，而等于各年环比发展速度的乘积。上式经化简后可变为下式：

$$\overline{x}=\sqrt[n]{\frac{y_1}{y_0}\cdot\frac{y_2}{y_1}\cdot\cdots\cdot\frac{y_n}{y_{n-1}}}=\sqrt[n]{\frac{y_n}{y_0}}$$

可见，几何平均法实际上只是由最初和最末两期的水平决定。

【例 7.10】 根据【例 7.9】的计算结果，用几何平均法计算该企业的平均发展速度。

解：$\overline{x}=\sqrt[4]{\frac{3\ 886.47}{5\ 800.00}}\times 100\%\approx 90.48\%$

2. 方程式法

在时间序列中，各期的发展水平是基期水平与对应定基发展速度的乘积，也是基期水平与有关各期环比发展速度的乘积，故把各期环比发展速度加以平均化，列出方程式，求解后即得出平均发展速度。

$$y_0\overline{x}+y_0\overline{x}\cdot\overline{x}+y_0\overline{x}\cdot\overline{x}\cdot\overline{x}+\cdots+y_0\overline{x}\cdot\overline{x}\cdot\overline{x}\cdots\overline{x}=\sum_{i=1}^{n}y_i$$

$$\overline{x} + (\overline{x})^2 + y_0(\overline{x})^3 + \cdots + y_0(\overline{x})^n = \frac{\sum_{i=1}^{n} y_i}{y_0}$$

上式是一个高次方程，求解较复杂。在实际应用中，可以借助平均增长速度查对表来获得平均发展速度或平均增长速度。

特别提示

平均发展速度的值总是正值。方程式法侧重考察全期发展水平的总和，如研究某时期的基本建设投资总额、垦荒面积和造林面积等问题。

第三节　时间序列的构成因素分析

一、时间序列的构成因素

影响现象发展变化的因素有很多，如政治因素、经济因素、自然因素等，这些因素彼此关系错综复杂。时间序列反映了现象发展过程中的数量特征随着这些因素的变化而变化。

通常，把影响时间序列的因素分为长期趋势、季节变动、循环变动和不规则变动四种。

(一)长期趋势(T)

长期趋势是指某些社会经济现象在一段较长时期内所呈现的持续向上增长或向下降低的态势。例如，某国的经济呈现稳定发展上升状态，国内生产总值、居民工资等指标都呈持续增长的长期趋势。这种长期趋势通常可以认为是由各种固定因素作用于同一方向而形成的，一般来说是指十几年以上的变动趋势。

(二)季节变动(S)

季节变动是指某些社会经济现象随着季节的变换而发生有规律的变动。许多经济现象因季节自然变动或人为变动，都具有一定的季节性上升或下降的变动规律，如农产品产量变化，冰箱、空调的销售量变化，节假日期间商品销量的变化等。季节变动的周期长度为一年。

(三)循环变动(C)

循环变动是指某些社会经济现象发生周期在一年以上的、有涨落起伏的规律变动。比如，经济发展过程中呈现的“繁荣→衰退→萧条→复苏→繁荣”的周期性波动。

与季节变动相比，循环变动具有几个特点：①周期较长，常在一年以上；②影响因素不受气候变化的影响，是多种因素共同影响的结果；③变化的幅度和周期一般没有规律。

(四)不规则变动(I)

不规则变动是指某些社会经济现象在发展过程中受各种偶然的随机因素的影响而表现出的不规则波动。不规则变动通常分为随机变动和突发变动。随机变动是由许多细小的原因综合引起，表现形式是数据随机的上下波动。突发变动是由战争、自然灾害或其他社会因素等意外事件引起的波动。

二、长期趋势的测定

通过对时间序列长期趋势变动进行分析，不仅可以掌握现象变动的规律，还可以对其未来发展趋势作出判断和预测。

测定长期趋势的方法主要有时距扩大法、移动平均法和最小二乘法。

（一）时距扩大法

通常，时间序列各指标数值的上下波动会使现象变化规律不够明显。时距扩大法就是通过扩大原序列的时间间隔，对原资料进行合并整理，从而消除偶然因素的影响，使新序列能明显反映现象发展的长期趋势。

【例 7.11】 利用时距扩大法，对表 7-10 中的数据进行修匀。

表 7-10　2004—2023 年某国的粮食产量　　单位：万吨

年份	产量	年份	产量	年份	产量	年份	产量
2004 年	46 946.95	2009 年	53 940.86	2014 年	63 964.83	2019 年	66 384.34
2005 年	48 402.19	2010 年	55 911.31	2015 年	66 060.27	2020 年	66 949.15
2006 年	49 804.23	2011 年	58 849.33	2016 年	66 043.51	2021 年	68 284.75
2007 年	50 413.85	2012 年	61 222.62	2017 年	66 160.73	2022 年	68 652.77
2008 年	53 434.29	2013 年	63 048.20	2018 年	65 789.22	2023 年	69 541.00

解：从表 7-10 可以看出，该国粮食产量基本呈上升趋势，但受天气条件等影响，各年之间产量有升有降。现将时距从 1 年扩大到 5 年，可得到表 7-11 所示的新时间序列。从修匀后的新时间序列可看出，粮食产量呈明显上升趋势。

表 7-11　时距扩大资料表移动平均　　单位：万吨

年份	总产量	平均年产量
2004—2008	249 001.51	49 800.302
2009—2013	292 972.32	58 594.464
2014—2018	328 018.56	65 603.712
2019—2023	339 812.01	67 962.402

应用时距扩大法时应注意，时间间隔应当一致，且时间间隔的长短应根据具体现象的性质和特点而定。间隔过短，则不能消除变动中的偶然因素；间隔过长，则造成新序列指标减少，掩盖现象发展的具体趋势。

（二）移动平均法

移动平均法是时距扩大法的改良，是指用逐期递推移动的方法计算一系列扩大时距的序时平均数，并以这一系列移动平均数作为对应时期的趋势值。

设时间序列为 y_1，y_2，…，y_n，移动时间为 k。

如果 k 为奇数，则移动平均形成的新时间序列为 $\overline{y_i}$，计算公式为：

$$\overline{y_i}=\frac{y_i+y_{i+1}+\cdots+y_{i+k-1}}{k}$$

如果 k 为偶数，则需进行两次移动平均。第一次移动平均的方法与奇数项移动的方法一样，只是得到的新时间序列的各个数值与原序列各数值都错了半格；第二次移动是对第一次移动结果进行中心化处理，即再做两项移动平均，从而使中心化处理后的各个数值与原时间序列的数值正好对齐。

应用移动平均法时应注意，所采用的时距应由动态序列的具体特点决定，要注意数据水平波动的周期性。一般要求扩大的时距与周期变动的时距相吻合，是周期的整倍数。例如，对于具有季节水平资料的序列，为了消除季节变动的影响，就可以采用4项或8项移动平均。

【例7.12】 某企业2014—2023年的销售额，如表7-12所示。对该组数据进行三项移动平均和四项移动平均。

表7-12 某企业2014—2023年销售额 单位：万元

年度	2014年	2015年	2016年	2017年	2018年
销售额	401	405	410	398	406
年度	2019年	2020年	2021年	2022年	2023年
销售额	415	420	403	425	423

解：该企业2014—2023年销售额数据的三项移动平均和四项移动平均结果，如表7-13所示。

表7-13 某企业2014—2023年销售额 单位：万元

年份	销售额	三项移动平均	四项移动平均	
			一次移动	中心化处理
2014年	401	—	—	—
2015年	405	405.33	403.50	—
2016年	410	404.33	404.75	404.13
2017年	398	404.67	407.25	406.00
2018年	406	406.33	409.75	408.50
2019年	415	413.67	411.00	410.38
2020年	420	412.67	415.75	413.38
2021年	403	416.00	417.75	416.75
2022年	425	417.00	—	—
2023年	423	—	—	—

(三)最小二乘法

最小二乘法是测定现象长期趋势较常用的一种方法。其原理是用适当的数学模型将动态序列匹配一个方程式，以此来计算各期的趋势值。这个方程式必须使原有序列的实际数值与趋势线的估计值的离差平方和最小，即：

$$\sum(y-y_c)^2 \rightarrow \text{最小值}$$

式中，y_c 为趋势线的估计数值；y 为原序列的实际数值。

长期趋势的类型有很多，下面以直线型和曲线型两种情况介绍最小二乘法的应用。

1. 直线方程

如果现象的发展为其逐期增长量大体相等，则可考虑其长期趋势为直线趋势。设 $y_c=a+bt$，其中 y_c 为趋势线估计值，t 为动态序列的时间单位，a 和 b 为参数，分别代表直线的截距和斜率。

设 $Q=\sum(y-y_c)^2=\sum(y-a-bt)^2$，为使 Q 最小，应使 Q 对 a 和 b 的两个偏导数为 0。

$$\begin{cases}\dfrac{\partial Q}{\partial a}=0\\[2mm]\dfrac{\partial Q}{\partial b}=0\end{cases}$$

此式化简后为：

$$\begin{cases}\sum y=na+b\sum t\\ \sum ty=a\sum t+b\sum t^2\end{cases}$$

其中，n 为动态序列的项数，其他符号同上。可得：

$$b=\frac{n\sum ty-\sum t\sum y}{n\sum t^2-(\sum t)^2}$$

$$a=\frac{\sum y-b\sum t}{n}=\bar{y}-b\bar{t}$$

将求得的两个参数代入直线趋势模型，便可得到与实际观察值相对应的趋势值。由此得到的直线趋势可以认识现象的发展变化，并对未来进行预测。

【例 7.13】 某企业 2018—2023 年的产品销售量分别为 70 台、73 台、78 台、82 台、85 台和 90 台。利用最小二乘法求出直线趋势方程，并预测该企业 2024 年的销售情况。

解：该企业 2024 年销量情况预测，如表 7-14 所示。

表 7-14　某企业 2024 年销售情况预测表

年份	产量/台(y)	逐期增长量/台	年份序号(t)	t^2	ty	y_c
2018 年	70	0	0	0	0	69.67
2019 年	73	3	1	1	73	73.67
2020 年	78	5	2	4	156	77.67
2021 年	82	4	3	9	246	81.67
2022 年	85	3	4	16	340	85.67
2023 年	90	5	5	25	450	89.67
求和	478		15	55	1 265	

解：$b=\dfrac{n\sum ty-\sum t\sum y}{n\sum t^2-(\sum t)^2}=\dfrac{6\times 1\ 265-15\times 478}{6\times 55-152}=4$

$$a=\frac{\sum y-b\sum t}{n}=\frac{478-4\times 15}{6}\approx 69.7$$

则所求直线方程为：$y_c=69.7+4\ t$。

利用所得直线趋势方程，对2024年产量进行预测：$y_{2024}=69.7+4\times 6=93.7\approx 94$(台)。

想一想

在实际使用最小二乘法计算时，往往对t进行特殊取值，使$\sum t=0$，从而简化计算过程。

时间项数为奇数时，可设t的中间项为0，时间项依次排列为：…，-3，-2，-1，0，1，2，3，…

时间项数为偶数时，为使时间项间隔相等，时间项依次排列为：…，-3，-1，1，3，…

经过上述处理，可得

$$\begin{cases}\sum y=na\\ \sum ty=b\sum t^2\end{cases}$$

2. 曲线方程

在现实生活中，更多现象是呈曲线发展的。曲线类型很多，现以指数曲线为例来讨论非线性趋势的测定。如果现象的发展，其环比发展速度或环比增长速度大体相同，则可考虑用指数方程，指数曲线的方程为：

$$y_c=ab^t$$

利用对数性质，上式可变为：

$$\lg y_c=\lg a+\lg b\cdot t$$

如果设$Y=\lg y_c$，$A=\lg a$，$B=\lg b$，则上式又可变为$Y=A+B\cdot t$的直线形式。利用最小二乘法可求出A和B的值，再查相应数表就可求得a和b的值。将参数代入$y_c=ab^t$，就可得到对应的指数型趋势线。

三、季节变动分析

对季节变动的研究可以帮助人们认识季节变动的规律，从而能更有效率地组织工作和安排经济生活，以应对因季节变动而引发的诸如设备和劳动力的不平衡、原料供应不足、运输量不够等问题。

测定季节变动的主要方法是用季节比率来反映季节变动。如果各月(季)季节比率都比较接近1，则说明季节变动的程度小；如果差距大，则表明季节变动强。通常把季节比率高于1的季节称为“旺季”，反之则称为“淡季”。

计算季节比率的方法主要有按月(季)平均法和移动平均趋势剔除法两种。不管用哪种方法测定季节比率，都需要有3年或更多的数据资料，以便较好地消除偶然因素的影响，使季节变动的规律更加符合实际。

(一)按月(季)平均法

此方法不需考虑长期趋势的影响。如果是月度资料就按月平均，如果是季度资料就按季度平均。

第一步：根据时间序列的资料计算各年同月(季)的平均数。

第二步：计算各年所有月(季)的平均数。

第三步：将各年同月(季)平均数与总的月(季)平均数对比，计算季节指数。

$$季节比率=\frac{各月平均数}{全期各月平均数}\times 100\%$$

【例 7.14】 某企业 2020—2023 年各季度售卖露营帐篷资料，如表 7-15 所示。试用按月(季)平均法计算季节比率。

表 7-15　某企业 2020—2023 年各季度售卖露营帐篷资料表　　单位：万件

年份	第一季度	第二季度	第三季度	第四季度
2020 年	31.00	40.00	69.00	30.00
2021 年	30.00	42.00	71.00	29.00
2022 年	33.00	43.00	70.00	31.00
2023 年	32.00	39.00	72.00	28.00

解：

第一步：计算月(季)平均数，如第一季度平均数$=(31+30+33+32)\div 4=31.5$。

第二步：计算总的月(季)平均数，即将各年各季度数据全部相加，再求平均数，结果为 43.13。

第三步：计算季节比率，如第一季度的季节比率$=31.50\div 43.13\times 100\%\approx 73\%$。

从计算结果可知，该企业出售帐篷数量呈季节变动，第三季度是售卖的旺季，第四季度明显转为淡季，数量相对较少。

按月(季)平均法的优点是计算简便、容易理解；缺点是在含有长期趋势影响的现象中，计算结果不够精确。

(二)移动平均趋势剔除法

对于含有长期年份资料的数据，不仅各月发展水平呈现有规则性的季节变动，而且逐年数值还有显著的增长趋势。为了测定现象的季节变动，就需要用移动平均趋势剔除法。该方法具体为先对动态序列计算移动平均数，以此作为相应时期的趋势值，而后将其从该序列中加以剔除，再测定季节比率。

【例 7.15】 根据表 7-16 中某产品 2021—2023 年的销售额资料，利用移动平均趋势剔除法分析该产品的季节变动规律。

表 7-16　某产品 2021—2023 年的销售额资料表　　单位：万台

年份	第一季度	第二季度	第三季度	第四季度
2021 年	1.90	10.00	8.00	3.50
2022 年	2.50	11.00	7.90	4.20
2023 年	2.00	15.00	8.20	4.00

解：从表7-16的数据可以看出该产品在年度间存在长期趋势，而在年度内又存在季节变动，所以利用移动平均趋势剔除法分析该产品的季节变动规律。

第一步：计算四个季度的移动平均数。由于原时间序列指标属于季节数据，故先进行四项移动平均，然后再进行中心化处理。

第二步：从原序列中剔除已测定的长期趋势。将实际观测值 y 除以中心化后的 T 值。上述两步具体如表7-17所示。

表7-17 季节指数计算表(一)

年份	季度	顺序号	y	四项移动平均	中心化处理(T)	剔除趋势值(y/T)
2021年	第一季度	1	1.90	—	—	—
	第二季度	2	10.00	5.85	—	—
	第三季度	3	8.00	6.00	5.93	1.350 2
	第四季度	4	3.50	6.25	6.13	0.571 4
2022年	第一季度	5	2.50	6.23	6.24	0.400 8
	第二季度	6	11.00	6.40	6.31	1.742 6
	第三季度	7	7.90	6.28	6.34	1.246 5
	第四季度	8	4.20	7.28	6.78	0.619 9
2023年	第一季度	9	2.00	7.35	7.31	0.273 5
	第二季度	10	15.00	7.30	7.33	2.047 8
	第三季度	11	8.20	—	—	—
	第四季度	12	4.00	—	—	—

第三步：根据剔除趋势值所得的结果分别计算季节比率，计算结果如表7-18所示。从计算结果可知，该产品在每年的第二、第三季度是销售旺季；第一、第四季度的季节比率低于100%，是销售淡季。

表7-18 季节指数计算表(二)

年份	第一季度	第二季度	第三季度	第四季度	合计
2021年	—	—	1.350 2	0.571 4	—
2022年	0.400 8	1.742 6	1.246 5	0.619 9	—
2023年	0.273 5	2.047 8	—	—	—
同季平均	0.337 2	1.895 2	1.298 4	0.595 7	1.031 6
季节比率	32.68%	183.72%	125.86%	57.74%	100.00%

在实际中，季节变动分析已被广泛使用，凡是在短期内有周期性规律变动的现象都可称为季节变动。例如，一周内哪天商场销售额最高，一天内哪个时段交通最为拥挤等，都属于季节变动分析的范畴。但需要指出的是，随着科技的进步和人们生活习惯的改变，某些社会现象的季节变动会被削弱甚至消失。

想一想

如何采用两种不同的方法测定季节变动？应注意的问题有哪些？

数说统计

利用移动平均法创建时间序列图

根据 2021 年 2 月到 2023 年 12 月我国的进出口总额相关数据，绘制时间序列图。

第一步：选择“数据”→“定义日期”，选择相应的时间设置类型，然后单击“确定”按钮。本次操作中，数据是年份和月份数据，从 2021 年 2 月开始，所以时间为“年份、月份”类型，且起始年份为 2021 年，起始月份为 2 月。运行完成后，数据文件中会增加相应的时间变量，增加了 3 个变量，分别是“YEAR_”“MONTH_”及“DATE_”。

第二步：选择“转换”→“创建时间序列”，将“进出口总额”变量移入右侧的“变量—新名称”框中，在“函数”下拉框中选择“中心移动平均”，在“跨度”中输入“5”表示五项移动平均，然后单击“更改”，单击“确定”按钮。设置完毕，单击“确定”按钮，则会在原数据文件中增加一个名称为“进出口总额_1”的五项移动平均序列。

第三步：依次选择“分析”→“预测”→“序列图”，将“进出口总额”和“进出口总额_1”移入右侧的“变量”框，并将定义的日期变量设为“时间轴标签”，单击“确定”按钮，输出结果如图 7-3 所示。

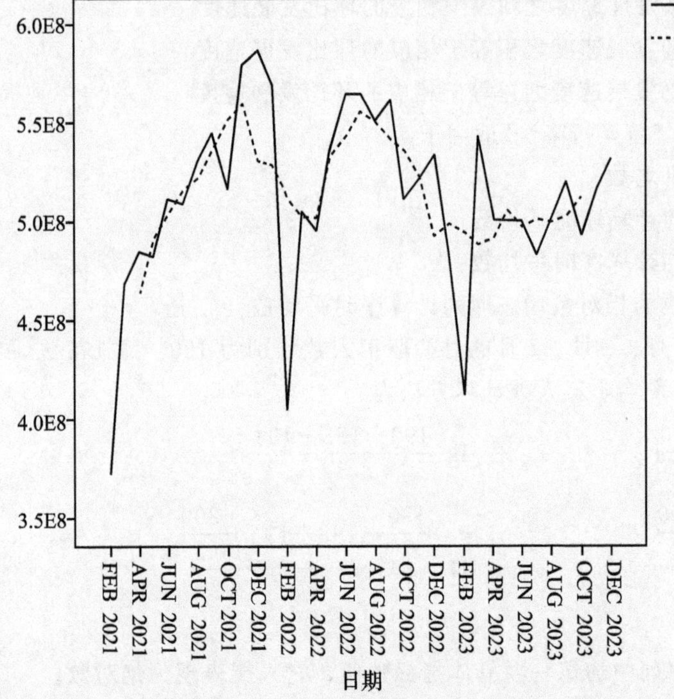

图 7-3　进出口总额时间序列图

从时间序列图可以看出，我国进出口总额波动较大，且季节变动较大，同时还受循环变动和不规则变动的影响。

实训项目

项目名称： 旅游数据时间序列分析。

实训目的： 培养时间序列分析能力，掌握时间序列指标的技术和时间序列因素分解的相关内容。

情境描述： 试通过查找有关资料调查近10年来所在省的旅游数据资料，构建时间序列表，并对旅游人数发展趋势进行判断。

课后练习

一、单项选择题

1. 以下关于时间序列的说法，正确的有(　　)。

A. 序列是按数值大小顺序排列的　　B. 序列是进行动态分析的基础

C. 序列中的数值都有可加性　　D. 序列是按时间顺序排列的

2. 工人劳动生产率时间序列属于(　　)。

A. 动态平均数时间序列　　B. 相对数时间序列

C. 绝对数时间序列　　D. 静态平均数时间序列

3. 定基发展速度和环比发展速度的关系是(　　)。

A. 两个相邻时期的定基发展速度之商等于相应的环比发展速度

B. 两个相邻时期的定基发展速度之和等于相应的环比发展速度

C. 两个相邻时期的定基发展速度之积等于相应的环比发展速度

D. 两个相邻时期的定基发展速度之差等于相应的环比发展速度

4. 计算序时平均数时，“首尾折半法”适用于(　　)。

A. 时期序列计算序时平均数

B. 间隔相等的时点序列计算序时平均数

C. 间隔不等的时点序列计算序时平均数

D. 由两个时点序列构成的相对数动态序列计算序时平均数

5. 已知某企业4月、5月、6月、7月的月初职工人数分别为190人、198人、194人和200人，则该企业二季度平均职工人数计算方法为(　　)。

A. $\dfrac{190+198+194+200}{4}$　　B. $\dfrac{190+198+194}{3}$

C. $\dfrac{\frac{190}{2}+198+194+\frac{200}{2}}{4-1}$　　D. $\dfrac{\frac{190}{2}+198+194+\frac{200}{2}}{4}$

二、判断题

1. 发展水平就是动态序列中的每一项具体指标数值，它只能表现为绝对数。(　　)

2. 若逐期增长量每年相等，则其各年的环比发展速度逐年下降。(　　)

3. 将某班学生按考试成绩分组形成的序列是时点序列。(　　)

4. 时间序列中各个指标数值是不能相加的。(　　)

5. 呈直线趋势的时间序列，其各期环比发展速度大致相同。(　　)

三、填空题

1. 时间序列是由反映________变化和________变化的两个序列所构成的。

2. 社会经济现象发展的动态分析主要包括________和________两部分。

3. 计算季节比率通常有________和________两种方法。

4. 某校在校学生数量 2023 年比 2022 年增加 10%，2022 年比 2021 年增加 15%，2021 年比 2020 年增加 8%。2020—2023 年这三年学生数量共增加________。

5. 静态平均数是根据________计算的，序时平均数是根据________计算的。

四、计算题

1. 某企业 2023 年雇用员工人数，如表 7-19 所示。试计算该企业 2023 年月平均人数。

表 7-19　某企业 2023 年雇用员工人数

时间	1 月 1 日	5 月 31 日	8 月 31 日	12 月 31 日
雇用员工人数	364	389	400	410

2. 某企业 2018—2023 年某产品的年产量，如表 7-20 所示。试求其直线趋势方程，解释参数 b 的经济意义，并预测该企业 2024 年的年产量。

表 7-20　某企业 2018—2023 年某产品的年产量　　单位：台

年份	2018 年	2019 年	2020 年	2021 年	2022 年	2023 年
产量	230	241	255	262	273	281

第八章　统计指数

知识目标

(1)了解统计指数的基本概念和原理。
(2)理解并掌握总指数两种形式的编制原则和方法。
(3)掌握利用指数体系进行指数因素分析的方法。

能力目标

(1)掌握数量指标指数和质量指标指数的编制。
(2)掌握因素分析的方法。

素质目标

(1)培养系统的思想,能够将理论与实践相结合,具备应用统计方法和经济理论分析、解决某一领域实际问题的能力。
(2)通过对统计指数的计算过程的学习,具备统筹全局的能力。

知识体系

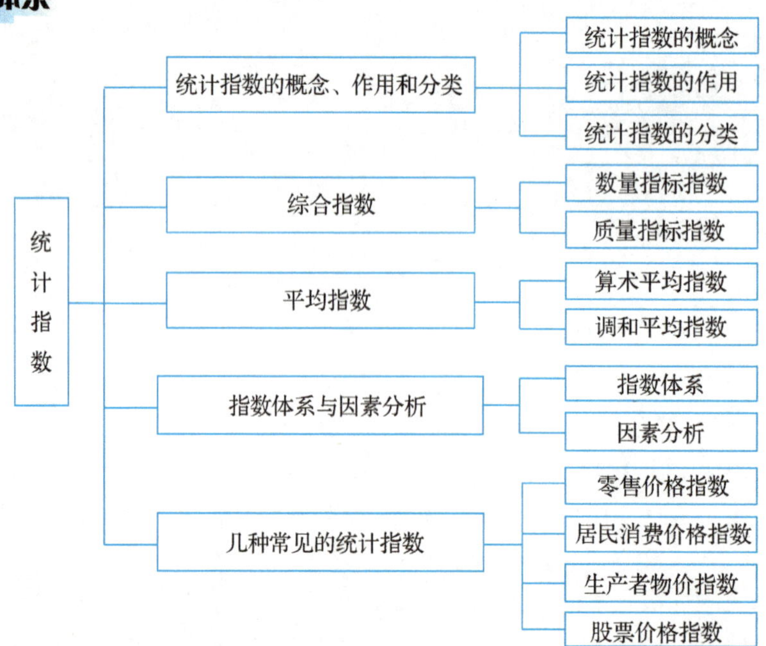

案例引入

采购经理指数（Purchasing Managers' Index，PMI）是通过对企业采购经理的调查结果统计汇总、编制而成的月度综合性指数，涵盖企业采购、生产、流通等各个环节，是国际上通行的宏观经济监测指标之一。

采购经理指数包括制造业领域和非制造业领域，具有较强的预测、预警作用。综合PMI产出指数是PMI指标体系中反映当期全行业(制造业和非制造业)产出变化情况的综合指数。PMI高于50%时，反映经济总体较上月扩张；低于50%时，则反映经济总体较上月收缩。

2024年1月，制造业采购经理指数、非制造业商务活动指数和综合PMI产出指数分别为49.2%、50.7%和50.9%，比2023年12月上升0.2、0.3和0.6个百分点，表明我国经济有所回升。综合PMI产出指数为50.9%，比2023年12月上升0.6个百分点，表明我国企业生产经营活动继续保持扩张。构成综合PMI产出指数的制造业生产指数和非制造业商务活动指数分别为51.3%和50.7%。

统计指数对于经济建设和人民生活有着重大影响，本章将介绍统计指数的相关知识。

第一节　统计指数的概念、作用和分类

一、统计指数的概念

统计指数起源于18世纪欧洲关于物价波动的研究，迄今已有300多年的历史。当时为了反映某种商品的物价变动程度，将该商品的现行价格与原价格进行对比，以此反映其价格的变动情况，这就是最初的物价指数。例如，某食品的基期价格(p_0)为20.62元/千克，以2024年2月7日作为报告期，报告期价格(p_1)为23.53元/千克，则该产品的价格变化为$p_1/p_0=1.14$。这说明该产品当前价格是过去的1.14倍，价格动态相对指标为114%。然而要说明一个国家或地区商品价格综合变动情况时，由于各种商品的规格、型号、计量单位不同，就不能进行简单的价格对比了，此时就需要编制统计指数来反映它们的变动情况。

统计指数是统计研究社会经济现象数量关系的一种特有的分析方法，分为广义的统计指数和狭义的统计指数两种。广义的统计指数是指社会经济现象数量变动的比较指标，主要用于表明同类现象在不同空间、不同时间、实际与计划对比变动情况的相对数。狭义的统计指数是指反映不能直接相加的复杂社会经济现象在数量上综合变动情况的相对数。

本章主要基于统计指数的狭义概念探讨指数的作用、编制及在统计分析中的应用。

二、统计指数的作用

(一)综合反映社会经济现象总变动方向及变动幅度

复杂现象总体往往是由许多不能直接相加的个别事物构成的。统计指数能把不能直接加总的现象过渡到可以加总对比，从而反映复杂经济现象的总变动方向及变动幅度。统计指数一般是用百分比表示的相对指标，其比值大于或小于100%，表示上升或下降的变动方向。

(二)用于因素分析

许多社会经济现象的数量变动是由它们的构成因素变动综合影响的结果，如总成本的变动受到产品产量和产品单位成本两个因素的影响。指数分析法的任务就是根据影响事物主要因素的内在联系，分别编制相应的指数进行分析。例如，通过编制产量指数和单位成本指数，可以分析它们的变动对总成本变动影响。

运用指数分析法，不仅可以从相对数方面分析各构成因素变动对现象总体变动的影响程度，还可以从绝对数方面分析其影响的绝对额。

(三)反映同类现象变动趋势

通过编制一定时期的指数数列，可以进行长时期的现象发展趋势分析。例如，编制零售物价指数数列，可以反映一定时期的物价变动情况；编制每一天的股票指数，可以反映股票价格的涨跌等。

三、统计指数的分类

(一)个体指数和总指数

按反映对象范围的不同，统计指数可分为个体指数和总指数。个体指数反映某种社会经济现象个别事物变动的情况，如反映某一种商品物价变动的情况。总指数用于综合反映某种事物包括若干个别事物总的变动情况，如反映若干商品总的物价变动情况。有时为了研究需要，在介于个体指数与总指数之间，还可编制组指数(或类指数)，编制方法与总指数相同。

想一想

试举出几个个体指数和总指数的例子。

(二)数量指标指数和质量指标指数

按反映的社会经济现象特征的不同，统计指数可分为数量指标指数和质量指标指数。数量指标指数反映现象总体的规模和水平的变动状况，如产量指数、职工人数指数等。质量指标指数反映现象总体质量的变动，如商品物价指数、劳动生产率指数等。

(三)定基指数和环比指数

按基期的不同，统计指数可分为定基指数和环比指数。定基指数是指在数列中以某一固定时期的水平作对比基准的指数，可用来反映现象在一个较长时期的变动情况。环比指数是以其前一时期的水平作为对比基准的指数，可用于反映被研究现象逐期变动的情况。

(四)动态指数和静态指数

按对比内容的不同，统计指数可分为动态指数和静态指数。动态指数是指由两个不同时期的同一现象指标值对比而形成的指数。静态指数是指由同一时期不同空间同类现象指标值对比而形成的指数，以及同一空间范围内计划指标与实际指标对比而形成的指数。

(五)综合指数和平均指数

按照常用的计算总指数的方法或形式不同，统计指数可分为综合指数和平均指数。综合指数是指从数量上表明不能直接相加的社会经济现象的总指数。平均指数是指以个体指数为基础，采取平均形式编制的总指数。

第二节　综合指数

综合指数是反映多种现象或事物报告期相对于基期的综合变动的相对指标。编制该指数时，需要先通过引入一个同度量因素，将不能相加的变量转化为可相加的总量指标，然后再将两个时期的总量进行对比，所得到的相对数即为综合指数。

综合指数可分为数量指标指数和质量指标指数。

一、数量指标指数

数量指标指数是用来反映总体规模变动情况的指数，如商品销售量指数、产品产量指数等。以编制销售量综合指数为例，该指数主要用于反映商品销售量的变动，计算时由于不同种类的商品计量单位不同，导致其实物量是不能相加的。解决办法就是把各种性质不同的实物量过渡到性质相同的价值量，具体办法就是通过价格来把不同的实物量转化为价值量。例如，销售额＝销售价格×销售量。

在统计学中，把相乘以后使得不能直接相加的指标过渡到可以直接相加的指标的那个因素称为同度量因素。上例中的销售价格便是使各种商品的销售量过渡到能够直接相加的价值量的同度量因素。价格所属的时期选择不同，会产生不同的计算公式，所得的结果也就不同，具有不同的经济意义。

在计算数量指标综合指数时，有三种可能采用的价格：基期价格、报告期价格和特定期价格。

(一)以基期价格为同度量因素

$$\overline{K_q}=\frac{\sum p_0q_1}{\sum p_0q_0}$$

式中，p_0 为权数，是由德国学者拉斯贝尔(Laspeyre)于 1864 年提出，因而按该式计算的综合指数也称拉氏数量指数。

【例 8.1】 某超市三种商品的价格和销售量情况，如表 8-1 所示。试计算该商店销售量综合指数。

表 8-1　某超市三种商品的价格和销售量

商品名称	计量单位	价格/元		销售量		销售额/元			
		基期(p_0)	报告期(p_1)	基期(q_0)	报告期(q_1)	p_0q_0	p_1q_1	p_0q_1	p_1q_0
甲	台	210	270	8	10	1 680	2 700	2 100	2 160
乙	只	700	750	4	6	2 800	4 500	4 200	3 000
丙	件	40	65	9	12	360	780	480	585
合计	—	—	—	—	—	4 840	7 980	6 780	5 745

解：由于三种商品的销售量不能直接相加，必须以价格为同度量因素，使之转化为能够相加的销售额指标。

该超市的商品销售量综合指数：$\overline{K_q}=\dfrac{\sum p_0q_1}{\sum p_0q_0}=\dfrac{6\ 780}{4\ 840}\times 100\%\approx 140.08\%$。

该结果表明，超市商品销售量报告期比基期平均增长40.08%。

商品销售额增加：$\sum p_0q_1-\sum p_0q_0=6\ 780-4\ 840=1\ 940$(元)。

(二)以报告期价格为同度量因素

$$\overline{K_q}=\frac{\sum p_1q_1}{\sum p_1q_0}$$

式中，p_1为权数，是由另一位德国学者帕舍(H. Paasche)于1874年提出，因而按该式计算的综合指数也称帕氏数量指数。

【例8.1】中超市的商品销售量综合指数：$\overline{K_q}=\dfrac{\sum p_1q_1}{\sum p_1q_0}=\dfrac{7\ 980}{5\ 745}\times 100\%\approx 138.90\%$

该结果表明，超市商品销售量报告期比基期平均增长38.90%。

商品销售额增加：$\sum p_1q_1-\sum p_1q_0=7\ 980-5\ 745=2\ 235$(元)。

(三)以特定期价格为同度量因素

$$\overline{K_q}=\frac{\sum p_tq_1}{\sum p_tq_0}$$

式中，特定期价格p_t为权数，特定期价格可理解为不变价格或固定价格，是汇总多种商品销售量并进行分析的有效工具。不变价格不能脱离实际太远，经过一定时期后，不变价格就需要进行相应的调整。

同度量因素选择的不同会导致计算结果的不同。然而假定同度量因素不随基期或报告期的变动而变动会使结果产生误差，这不符合实际情况，这是指数法的局限性。在实际编制销售量综合指数时，具体用哪一个价格作为同度量因素，要根据不同的研究对象、目的及资料取得的难易程度来选用相应的计算公式，并根据具体情况进行修正，使结果更符合客观实际。

二、质量指标指数

质量指标指数是说明经济工作质量变动的指数，如商品销售价格指数、产品成本指数等。由于各种商品的价格反映了不同使用价值的实物量的价格水平，所以各种商品的价格是不能度量的，将价格直接相加是没有实际意义的。在分析价格因素变动时，需要假设销售量因素不变。

在计算价格指标指数时，有三种可采用的销售量：基期销售量、报告期销售量和特定期销售量。采用不同时期的销售量作为同度量因素，所得结果也就不同，具有不同的经济意义。

(一)以基期销售量为同度量因素

$$\overline{K_q}=\frac{\sum p_1q_0}{\sum p_0q_0}$$

式中，q_0 为权数，被称为拉式物价指数。

【例 8.1】中超市的物价综合指数：$\overline{K_p}=\dfrac{\sum p_1q_0}{\sum p_0q_0}=\dfrac{5\ 745}{4\ 840}\times100\%\approx118.70\%$。

该结果表明，物价报告期比基期平均增长 18.70%。

商品销售额增加：$\sum p_1q_0-\sum p_0q_0=5\ 745-4\ 840=905$(元)。

(二)以报告期销售量为同度量因素

$$\overline{K_q}=\frac{\sum p_1q_1}{\sum p_0q_1}$$

式中，q_1 为权数，被称为帕氏物价指数。

【例 8.1】中超市的物价综合指数：$\overline{K_p}=\dfrac{\sum p_1q_1}{\sum p_0q_1}=\dfrac{7\ 980}{6\ 780}\times100\%=117.70\%$。

该结果表明，物价报告期比基期平均增长 17.70%。

商品销售额增加：$\sum p_1q_1-\sum p_0q_1=7\ 980-6\ 780=1\ 200$(元)。

在实际统计工作中，一般会将报告期的销售量作为同度量因素。这是因为编制物价指数的目的主要是研究当前市场商品价格变动对国家财政收支及人民经济生活的实际影响。以报告期商品销量为同度量因素，可以正确反映当前现实生活中全部商品价格的总变动，使物价指数具有现实经济意义。

(三)以特定期销售量为同度量因素

$$\overline{K_q}=\frac{\sum p_1q_t}{\sum p_0q_t}$$

式中，某个特定期的销售量 q_t 为权数，主要用于质量指标的计划完成指数的编制。例如，企业为了检查成本计划执行情况，需要编制成本计划完成指数，其同度量因素就是计划数量指标。该指数可以帮助企业监督生产过程，避免实际情况脱离计划要求。

计算综合指数最大的优点不仅在于可以反映复杂经济现象总体的变动方向和程度，而且可以准确地、定量地说明现象变动所产生的实际经济效果。以上讨论的综合指数，总量指标(销售额)是由两个因素(价格和销售量)构成的；如果一个总量指标是由两个以上因素构成的，在用综合指数法计算其中一个因素的指数时，也可用相同的原理计算，即把其他因素都作为同度量因素固定起来。

第三节 平均指数

平均指数与综合指数一样，属于总指数的一种。虽然综合指数能最完整地反映所研究现象的经济内容，但在实际统计工作中，有时受到统计资料的限制，不能直接利用综合指数公式编制总指数，而是以个体指数为基础采取平均数形式编制总指数。

平均指数有算术平均指数和调和平均指数两种表现形式。

一、算术平均指数

算术平均指数是对个体指数的算术平均加权。这种指数形式实际上是拉式综合指数公式的变形。下面以销售量指数为例加以说明。

以基期物价为同度量因素的销售量综合指数公式为：

$$\overline{K_q}=\frac{\sum p_0q_1}{\sum p_0q_0}$$

设 $i_q=\frac{q_1}{q_0}$ 为销售量个体指数，则 $q_1=i_q\cdot q_0$。将其代入上式，可得算术平均指数的计算公式：

$$\overline{K_q}=\frac{\sum i_qp_0q_0}{\sum p_0q_0}$$

该式就是以销售量个体指数为变量，以基期销售额为权数的算术平均指数公式。虽然公式的形式发生改变，但其经济内容及计算结果与 $\overline{K_q}=\frac{\sum p_0q_1}{\sum p_0q_0}$ 完全一样。

将【例8.1】中的数据代入，具体计算过程如下：

$$\overline{K_q}=\frac{\sum i_qp_0q_0}{\sum p_0q_0}=\frac{1.25\times 1\ 680+1.5\times 2\ 800+1.333\ 3\times 360}{4\ 840}\times 100\%\approx 140.08\%$$

在只掌握个体指数和基期资料的情况下，运用算术平均指数公式编制总指数比较方便。

二、调和平均指数

编制调和平均指数是对个体指数按调和平均数形式进行加权计算。这种指数实际上是帕氏综合指数公式的变形，通常用于计算质量指标指数(如价格指数)。下面以物价指数为例进行说明。

以报告期的销售量为同度量因素的物价综合指数公式为：

$$\overline{K_p}=\frac{\sum p_1q_1}{\sum p_0q_1}$$

设 $i_p=\frac{p_1}{p_0}$ 为物价个体指数，则 $p_0=\frac{p_1}{i_p}$。将其代入上式，可得到调和平均指数的计算公式：

$$\overline{K_p}=\frac{\sum p_1q_1}{\sum p_0q_1}=\frac{\sum p_1q_1}{\sum \frac{p_1}{i_p}q_1}=\frac{1}{\frac{\sum \frac{1}{i_p}p_1q_1}{\sum p_1q_1}}$$

上式就是以个体物价指数为变量，以报告期商品销售额为权数的调和平均指数公式。

该公式经济内容及计算结果与 $\overline{K_p}=\dfrac{\sum p_1q_1}{\sum p_0q_1}$ 完全一样。

将【例 8.1】中的数据代入得：

$$\overline{K_p}=\frac{\sum p_1q_1}{\sum \frac{p_1}{i_p}q_1}=\frac{7\ 980}{\frac{1}{1.285\ 7}\times 2\ 700+\frac{1}{1.071\ 4}\times 4\ 500+\frac{1}{1.625\ 0}\times 780}\times 100\%\approx 117.70\%$$

由此可见，在只掌握个体指数和报告期资料的情况下，运用调和平均指数公式编制总指数比较方便。

第四节　指数体系与因素分析

一、指数体系

社会经济现象间的相互联系是普遍存在的，且这些关系常可以用经济方程式表示出来，如：

商品销售额＝商品销售量×商品销售价格

生产总成本＝产品产量×单位产品成本

上述关系还可以按指数形式表示，同样也有相应的对等关系，即：

商品销售额指数＝商品销售量指数×商品销售价格指数

生产总成本指数＝产品产量指数×单位产品成本指数

这种由相互联系且在数值上具有一定数量对等关系的三个或三个以上的指数所形成的体系，称为指数体系。指数体系反映的是客观事物本身的联系，因而在编制指数体系时，应以综合指数的一般原理为依据。在编制数量指标指数时，以基期质量指标为同度量因素；在编制质量指标指数时，以报告期的数量指标为同度量因素。

组成指数体系的指数必须满足两个条件：一是各因素指数的乘积应等于总变动指数，二是各因素指数分子、分母差额总和应等于总量指标指数实际发生的总差额。利用指数体系可以进行因素分析，即分析各种因素指数对总变动指数影响的方向和程度。此外，利用指数体系还可以进行指数间的相互推算，即根据已知的指数推算未知的指数。

二、因素分析

利用指数从数量上分析复杂经济现象变动中各个因素变动影响的方法称为指数因素分析法。对于社会经济现象复杂总体的变动，当确定其是由两个或两个以上因素乘积的函数时，可以开展因素分析，并分别称为两因素分析和多因素分析。

因素分析法的基本要点：①分析被研究对象及其影响因素，建立指数体系；②分析某一个因素变动时，应假设其他因素不变；③按照被研究现象内在规律，合理进行各因素的顺序排列；④相对数关系式表现为现象总体指数等于各影响因素指数的乘积，绝对数关系式表现为现象总体指数分子与分母的差额等于各影响因素分子与分母差额之和。

因素分析的内容：①对总量指标变动进行因素分析；②对平均指标变动进行因素分析。

(一)总量指标变动的因素分析

1. 两因素分析

复杂总体总量指标的变动公式为：

$$总指数=\frac{\sum q_1p_1}{\sum q_0p_0}$$

总指数可分解为数量指标综合指数和质量指标综合指数两因素的乘积。指数体系如下：

$$\frac{\sum q_1p_1}{\sum q_0p_0}=\frac{\sum q_1p_0}{\sum q_0p_0}\cdot\frac{\sum q_1p_1}{\sum q_1p_0}$$

绝对额关系如下：

$$\sum q_1p_1-\sum q_0p_0=\left(\sum q_1p_0-\sum q_0p_0\right)+\left(\sum q_1p_1-\sum q_1p_0\right)$$

【例 8.2】 某企业生产三种产品，其相关资料及基本数据，如表 8-2 所示。试对总产值的变动进行因素分析。

表 8-2 某企业产值情况计算表

产品名称	计量单位	产品产量		出厂价格		基期总产值/元	报告期总产值/元	假定销售额/元
		基期	报告期	基期	报告期			
		q_0	q_1	p_0	p_1	q_0p_0	q_1p_1	q_1p_0
A	箱	200	250	2 000	2 600	400 000	650 000	500 000
B	台	300	400	3 000	3 500	900 000	1 400 000	1 200 000
C	件	1 000	1 500	10	11	10 000	16 500	15 000
合计	—	—	—	—	—	1 310 000	2 066 500	1 715 000

解： 由总指数公式可以计算该企业总产值的动态指数：

$$\overline{K_{总}}=\frac{\sum q_1p_1}{\sum q_0p_0}=\frac{2\ 066\ 500}{1\ 310\ 000}\times100\%\approx157.75\%$$

报告期总产值比基期增加：

$$\sum q_1p_1-\sum q_0p_0=2\ 066\ 500-1\ 310\ 000=756\ 500(元)$$

产品产量指数为：

$$\overline{K_q}=\frac{\sum q_1p_0}{\sum q_0p_0}=\frac{1\ 715\ 000}{1\ 310\ 000}\times100\%\approx130.92\%$$

产品产量增加使总产值增加的绝对额：

$$\sum q_1p_0-\sum q_0p_0=1\ 715\ 000-1\ 310\ 000=405\ 000(元)$$

产品出厂价格指数：

$$\overline{K_p}=\frac{\sum q_1p_1}{\sum q_1p_0}=\frac{2\ 066\ 500}{1\ 715\ 000}\times100\%\approx120.50\%$$

出厂价格提高使总产值增加的绝对额：

$\sum q_1 p_1 - \sum q_1 p_0 = 2\ 066\ 500 - 1\ 715\ 000 = 351\ 500$(元)

所得相对数关系式：

157.75％＝130.92％×120.5％

所得绝对数关系式：

756 500(元)＝405 000(元)＋351 500(元)

2. 多因素分析

以上两因素分析方法可推广应用到三个或三个以上的因素分析。由于多因素现象指数体系所包括的因素较多，在指数的编制过程中需注意两个方面：一方面，对于影响复杂总体变动的各个因素，按照数量指标在前、质量指标在后的顺序进行排列，且一个合理的顺序就是从左至右逐一相乘，每乘一次都能形成具有一定经济意义的指数；另一方面，当测定某一因素指标的变动影响时，要把两个或两个以上因素固定不变，且未被分析的后面诸因素要固定在基期水平，而已被分析过的前面诸因素要固定在报告期水平。

【例 8.3】 表 8-3 为某企业产量、单位产品消耗量及原材料价格情况。试进行多因素分析。

表 8-3 某企业原材料支出情况表

产品名称	产量/吨		单位产品消耗量/吨		原材料价格/万元·吨$^{-1}$		原材料支出额/万元			
	基期	报告期	基期	报告期	基期	报告期	基期	报告期	假定	假定
	q_0	q_1	m_0	m_1	p_0	p_1	$q_0m_0p_0$	$q_1m_1p_1$	$q_1m_0p_0$	$q_1m_1p_0$
甲	13	15	1.6	1.4	25	28	520.0	588	600	525
乙	16	18	2.2	2.0	13	15	457.6	540	514.8	468
丙	20	24	2.5	2.6	16	19	800.0	1 185.6	960	998.4
合计	—	—	—	—	—	—	1 777.6	2 313.6	2 074.8	1 991.4

解：建立指数体系：

原材料支出额指数＝产量指数×单位产品消耗量指数×原材料价格指数

原材料支出额指数：

$$\overline{K_{qmp}} = \frac{\sum q_1 m_1 p_1}{\sum q_0 m_0 p_0} = \frac{2\ 313.6}{1\ 777.6} \times 100\% \approx 130.15\%$$

原材料支出绝对额：

$\sum q_1 m_1 p_1 - \sum q_0 m_0 p_0 = 2\ 313.6 - 1\ 777.6 = 536$(万元)

结果显示报告期比基期支出增加 30.15％，多支出金额 536 万元。

产量指数：

$$\overline{K_q} = \frac{\sum q_1 m_0 p_0}{\sum q_0 m_0 p_0} = \frac{2\ 074.8}{1\ 777.6} \times 100\% \approx 116.72\%$$

产量变动影响材料支出额绝对值：

$$\sum q_1 m_0 p_0 - \sum q_0 m_0 p_0 = 2\ 074.8 - 1\ 777.6 = 297.2(\text{万元})$$

单位产品消耗量指数：

$$\overline{K_m} = \frac{\sum q_1 m_1 p_0}{\sum q_1 m_0 p_0} = \frac{1\ 991.4}{2\ 074.8} \times 100\% \approx 95.98\%$$

单位消耗变动影响材料支出额绝对值：

$$\sum q_1 m_1 p_0 - \sum q_1 m_0 p_0 = 1\ 991.4 - 2\ 074.8 = -83.4(\text{万元})$$

原材料价格指数：

$$\overline{K_p} = \frac{\sum q_1 m_1 p_1}{\sum q_1 m_1 p_0} = \frac{2\ 313.6}{1\ 991.4} \times 100\% \approx 116.18\%$$

价格变动影响材料支出额绝对值：

$$\sum q_1 m_1 p_1 - \sum q_1 m_1 p_0 = 2\ 313.6 - 1\ 991.4 = 322.2(\text{万元})$$

所得相对数关系式：

130.15%＝116.72%×95.98%×116.18%

所得绝对数关系式：

536(万元)＝297.2(万元)－83.4(万元)＋322.2(万元)

由以上计算可知，该企业原材料支出额报告期比基期上升30.15%，增加的支出额为536万元。其中，由于产量增加16.72%，使原材料支出额增加297.2万元；由于单位消耗下降4.02%，原材料支出额减少83.4万元；由于材料价格上涨16.18%，原材料支出额增加322.2万元。三个因素共同的影响，使原材料支出额增加536万元。

(二)平均指标变动的因素分析

1. 平均指标指数的含义

从综合指数的定义可以看出，当一个总量指标可以分解成两个因素的乘积时，就可以计算每一个因素的变动对总量的影响。同样，对于平均指标也可以用上述方法进行分析。例如，当研究企业职工工资水平的变动时，其计算公式为：

$$\overline{x} = \frac{\sum xf}{\sum f}$$

式中，x 为每组的工资额；f 为各组的职工人数。

上式可改写为：

$$\overline{x} = \sum \left(x \cdot \frac{f}{\sum f} \right)$$

式中，$\frac{f}{\sum f}$ 为各组职工的比重，即频率。

上式表明平均工资受两个因素的影响：一个是各组职工的工资水平，另一个是各组职工所占比重。

2. 平均指标指数体系

平均指标变动的因素分析一般要编制三种评价指标指数，即可变构成指数、固定构成指数和结构变动指数，并构成如下指数体系：

可变构成指数＝固定构成指数×结构变动指数

现以平均工资的变动的分析来说明这几种指数的编制及其特点。

可变构成指数是报告期平均指标与基期平均指标之比。例如，在计算总平均工资指数时，是分别用各个时期工人数为权数对各组工资水平进行平均计算，因此两期总平均工资的变动不仅反映了各组工资水平的变动，而且受各组工人人数结构变动的影响。这种包括结构变动影响作用的总平均工资指数，就是平均工资可变构成指数。其计算公式为：

$$\overline{K_{可}}=\frac{\overline{x}_1}{\overline{x}_0}$$

固定构成指数是假定构成不变(即 $\frac{f}{\sum f}$ 不变)，纯粹反映组平均数总变动的相对数。例如，在分析企业总平均工资变动中各组工资水平变动影响关系时，要把工人人数固定在报告期上。这种工人人数结构固定的总平均工资指数就是平均工资的固定指数。其计算公式为：

$$\overline{K_{固}}=\frac{\sum x_1 f_1}{\sum f_1}:\frac{\sum x_0 f_1}{\sum f_1}$$

结构变动指数是指假定组平均数不变(即 x_0 不变)，纯粹反映结构变动程度的相对数。例如，在分析工人变动的影响因素时，要将各组工人工资水平固定在基期水平上，公式为：

$$\overline{K_{结}}=\frac{\sum x_0 f_1}{\sum f_1}:\frac{\sum x_0 f_0}{\sum f_0}$$

想一想

平均数指数和平均指标指数有哪些区别？

【例 8.4】 根据表 8-4 中的内容说明平均指标指数的分析及应用。

表 8-4　某企业职工人数和工资水平表

职工类别	工人数/人		平均工资/元		工资总额/元		
	基期 f_0	报告期 f_1	基期 x_0	报告期 x_1	基期 x_0f_0	报告期 x_1f_1	假设 x_0f_1
A	300	600	6 200	6 800	1 860 000	4 080 000	3 720 000
B	400	700	6 000	6 500	2 400 000	4 550 000	4 200 000
合计	700	1 300	—	—	4 260 000	8 630 000	7 920 000

解：报告期的平均工资为：

$$\overline{x}_1=\frac{\sum x_1 f_1}{\sum f_1}=\frac{8\ 630\ 000}{1\ 300}\approx 6\ 638.46(元)$$

基期的平均工资为：

$$\overline{x}_0=\frac{\sum x_0 f_0}{\sum f_0}\approx\frac{4\ 260\ 000}{700}\approx 6\ 085.71(\text{元})$$

可变构成指数为：

$$\overline{K}_{\text{可}}=\frac{\overline{x}_1}{\overline{x}_0}=\frac{6\ 638.46}{6\ 085.71}\times 100\%\approx 109.08\%$$

$$\overline{x}_1-\overline{x}_0=6\ 638.46-6\ 085.71=552.75(\text{元})$$

固定构成指数为：

$$\overline{K}_{\text{固}}=\frac{\sum x_1 f_1}{\sum f_1}:\frac{\sum x_0 f_1}{\sum f_1}\approx\frac{6\ 638.46}{6\ 092.31}\times 100\%\approx 108.96\%$$

$$\frac{\sum x_1 f_1}{\sum f_1}-\frac{\sum x_0 f_1}{\sum f_1}=6\ 638.46-6\ 092.31=546.15(\text{元})$$

结构变动指数为：

$$\overline{K}_{\text{结}}=\frac{\sum x_0 f_1}{\sum f_1}:\frac{\sum x_0 f_0}{\sum f_0}\approx\frac{6\ 092.31}{6\ 085.71}\times 100\%\approx 100.11\%$$

$$\frac{\sum x_0 f_1}{\sum f_1}-\frac{\sum x_0 f_0}{\sum f_0}=6\ 092.31-6\ 085.71=6.6(\text{元})$$

所得相对数关系式：

109.08%=108.96%×100.11%

所得绝对数关系式：

552.75(元)=546.15(元)+6.6(元)

上述计算结果表明，从相对量角度来看，报告期职工平均工资比基期上涨了9.08%。其中，由于工资水平提高了8.96%，由于结构变动使平均工资上涨了0.11%。从绝对量角度来看，每组平均工资提高使总的平均工资上升了546.15元，每组结构变动使总平均工资上升了6.6元，这两个因素共同作用的结果使总的平均工资增加552.75元。

第五节 几种常见的统计指数

一、零售价格指数

零售价格指数由国家统计局编制，是反映城乡商品零售价格变动趋势的一种经济指数。零售物价的调整变动直接影响城乡居民的生活支出和国家的财政收入，影响居民购买力和市场供需平衡，影响消费与积累的比例。因此，计算零售价格指数，可以从一个侧面对上述经济活动进行观察和分析。

由于全社会零售商品成千上万，所以在编制零售价格指数时，需要选择有代表性的商品。其具体步骤是先对商品进行分类，然后在此基础上选择各类商品中代表性强的商品作为代表规格品。例如，把零售商品分为食品类、衣服类、日用品类、文化娱乐类等，而食品类又可分为粮食、副食和其他食品等小类，在粮食小类里又可分为粗粮和细粮。

编制商品零售价格指数时包括所有的地区是不可能的，但为了反映全社会零售商品价格的总体变动水平，要选择具有代表性的地区编制价格指数。

价格调查采用非全面调查，主要方法是进行定时定点采价。各地可以利用价格采集单位的计算机管理系统作为辅助性调查工具。

计算公式采用固定权数的加权计算方法，权数的选取是根据上年商品零售额资料和当年住户调查资料予以调整后确定的。在确定权数时，需先确定各大类的权数，然后确定小类权数，最后确定商品权数，权数均以百分比表示，各层权数之和为100。其计算公式为：

$$\overline{K_p}=\frac{\sum i_p \cdot w}{\sum w}$$

式中，i_p 为个体指数；w 为各层零售额比重权数。

二、居民消费价格指数

居民消费价格指数(Consumer Price Index，CPI)是反映与居民生活有关的商品及劳务价格统计出来的物价变动指标。与商品零售价格指数的区别是，CPI主要反映消费者支付商品和劳务的价格变化情况。CPI以百分比变化为表达形式，在通常情况下是一个大于100%的数。CPI通常可作为观察通货膨胀水平的重要指标。一般来说，当CPI大于3%的增幅时，称为通货膨胀；而当CPI大于5%的增幅时，称为严重的通货膨胀。

三、生产者物价指数

生产者物价指数(Producer Price Index，PPI)是一个用来衡量制造商出厂价的平均变化的指数。它是反映某一时期生产领域价格变动情况的重要经济指标，也是制定有关经济政策和国民经济核算的重要依据。如果生产者物价指数比预期数值高，表明生产者的生产成本增加，生产成本的增加会转嫁到消费者身上，所以PPI也是衡量通货膨胀的一个指标。如果生产物价指数比预期数值低，表明有通货紧缩的风险；反之，则有通货膨胀的危险。

**相关链接**

CPI对居民生活的影响及应对措施

2023年12月，受寒潮天气及节前消费需求增加等因素影响，CPI环比由降转涨，同比降幅收窄；扣除食品和能源价格的核心CPI同比上涨0.6%，涨幅保持稳定。从环比看，CPI上涨0.1%。其中，食品价格上涨0.9%。食品中，雨雪寒潮天气影响鲜活农产品生产储运，加之节前消费需求增加，鲜菜、鲜果及水产品价格分别上涨6.9%、1.7%和0.9%。非食品价格下降0.1%。非食品中，受国际油价持续下行影响，国内汽油价格下降4.7%。

中低收入人群是最先能感知CPI的波动的，随着食品价格的上涨，他们每月多支出的花销大部分是在柴米油盐上。CPI上涨意味着物价上涨，通胀预期增强，这将加大中低收入群体的生活压力。为了降低CPI上涨的负面影响，各地都对中低收入人群出台了一系列的减税降费、扶助弱势的措施，同时也增加了对农业生产者的补贴。这些财政政策不仅可以保障中低收入者的利益，还可以起到平抑物价的作用。

四、股票价格指数

股票价格指数是指用以反映整个股票市场上各种股票市场价格的总体水平及其变动情况的指标，简称股票指数。它是由证券交易所或金融服务机构编制的表明股票趋势变动的一种供参考的指示数字。股票价格指数的计算方法很多，一般以发行量为权数进行加权综合。其计算公式为：

$$\overline{K_p}=\frac{\sum p_{1i}q_i}{\sum p_{0i}q_i}$$

式中，p_{1i} 为第 i 种样本股票报告期价格；p_{0i} 为第 i 种股票基期价格；q_i 为第 i 种股票的发行量，它可以确定为基期，也可以确定为报告期，一般选择报告期发行量。

【例 8.5】 设3种股票的价格和发行量，如表8-5所示。试计算股票价格指数。

表 8-5 股票的价格和发行量

股票名称	基期价格/元	报告期价格/元	报告期股本/万股
A	30	45	1 000
B	23	30	1 600
C	18	27	3 000

解： $\overline{K_p}=\frac{\sum p_{1i}q_i}{\sum p_{0i}q_i}=\frac{45\times 1\ 000+30\times 1\ 600+27\times 3\ 000}{30\times 1\ 000+23\times 1\ 600+18\times 3\ 000}\times 100\%\approx 144.04\%$

即股价指数上涨了约44.04%。

目前世界各国主要证券交易所都有自己的股票价格指数，如道·琼斯指数。该指数是以金融、科技、娱乐、零售等多个行业内有代表性的公司为对象进行编制的，反映了美国股票市场总体走势。此外，还有标准普尔指数、金融时报指数、法兰克福指数、日经指数、恒生指数等。在我国，上海证券交易所和深圳证券交易所分别编制了上证综合指数和深圳成分指数等。

利用Excel计算总指数

经过调查，某商店三种商品的销售量和价格资料，如表8-6所示。用Excel计算销售量总指数和价格总指数。

表 8-6　某商店三种商品的销售量和价格资料

商品名称	计量单位	销售量		价格/元	
		基期 q_0	报告期 q_1	基期 p_0	报告期 p_1
甲	件	420	466	30	25
乙	台	240	240	40	43
丙	套	188	160	20	20

要使用 Excel 进行总指数的计算，需要先把原始数据及各项名称输入 Excel 表中并注明符号，如图 8-1 所示。

分别计算各个 p_0q_0，p_1q_1，p_0q_1，在指定单元格输入相关公式，并将公式逐一复制到相关区域。单击“公式”选项卡下的“自动求和”按钮，分别计算 $\sum p_0q_0$，$\sum p_1q_1$，$\sum p_0q_1$ 的值。

计算销售量综合指数 $\sum p_0q_1/\sum p_0q_0$ 和价格综合指数 $\sum p_1q_1/\sum p_0q_1$，如图 8-2 所示。

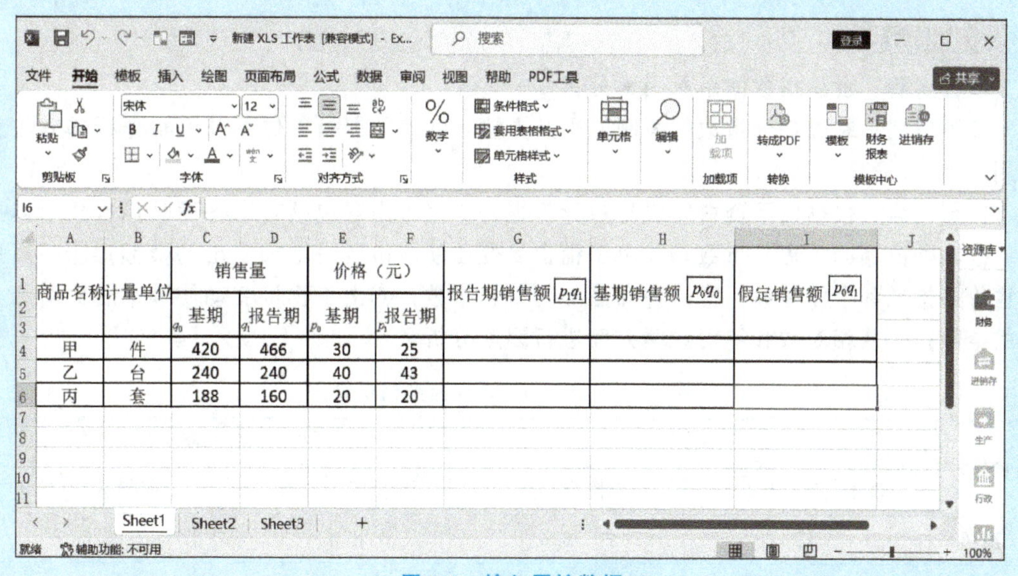

图 8-1　输入原始数据

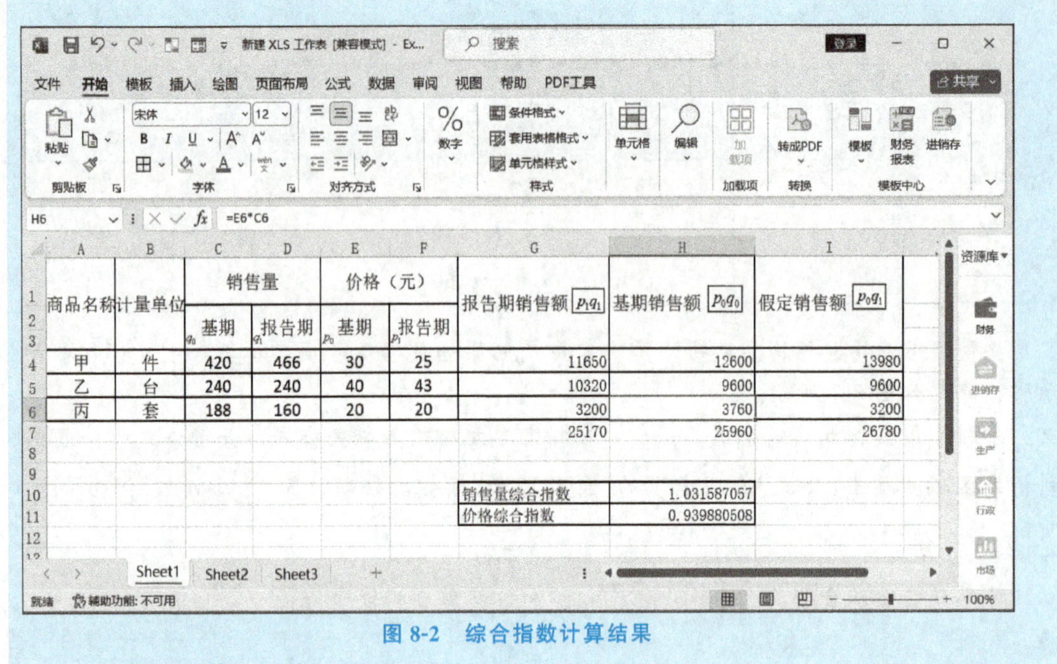

图 8-2　综合指数计算结果

实训项目

项目名称： 食品指数体系及因素分析。

实训目的： 掌握综合指数的编制原则及方法，熟练掌握指数体系及因素分析的方法和应用。

实训内容： 根据以下资料完成指数分析报告。报告内容包括：①各商品销售量个体指数；②四种商品的销售总指数；③由于销售量变动使该市居民增加支出的金额；④各商品零售价格指数和个体指数；⑤四种商品的物价总指数；⑥由于物价变动使该市居民增加支出的金额；⑦从相对数和绝对数两方面进行因素分析。

表 8-7　某市部分食品价格和销售量

副食品种类	基期		报告期	
	价格/元·千克$^{-1}$	销售量/万吨	价格/元·千克$^{-1}$	销售量/万吨
蔬菜	2	6	4	6.5
鸡蛋	8	2	10	2.5
牛肉	56	4	60	4.5
鱼肉	28	1.5	30	2

课后练习

一、单项选择题

1. 统计指数按指数化指标的性质不同，可分为(　　)。

A. 总指数和个体指数　　　　B. 数量指标指数和质量指标指数

C. 平均数指数和平均指标指数　　D. 综合指数和平均数指数

2. 在编制综合指数时，同度量因素在时间选择上的一般原则是(　　)。

A. 数量指数以报告期质量指标作为同度量因素

B. 质量指数以基期数量指标作为同度量因素

C. 数量指数以基期质量指标作为同度量因素

D. 数量指数和质量指数都以基期数量指标作为同度量因素

3. 指数体系的作用是(　　)。

A. 为选择指数计算方法提供依据

B. 为选择指数基期提供依据

C. 为编制时间序列提供参考

D. 对现象发展的相对程度及各因素的影响程度进行分析

4. 当我们研究各级别工人工资的变动对全体工人平均工资变动的影响程度时，应计算(　　)。

A. 结构影响指数　　B. 可变构成指数

C. 固定构成指数　　D. 加权算术平均指数

5. 某商场 2022 年的总销售额为 86 000 元，2023 年为 90 000 元，已知商品价格上涨 10%。与 2022 年相比，2023 年(　　)。

A. 商品销售量指数为 97.14%

B. 总销售额指数为 108.65%

C. 价格上涨使总销售额增加了 8 182 元

D. 商品销售量下降使总销售额减少了 8 182 元

二、多项选择题

1. 按照不同的分类标准，指数可分为(　　)。

A. 数量指数和质量指数　　B. 个体指数和综合指数

C. 简单指数和加权指数　　D. 区域指数和时间指数

2. 下列选项中，属于质量指数的是(　　)。

A. 产品成本指数　　B. 股票价格指数

C. 零售价格指数　　D. 产品产量指数

3. 下列选项中，可以形成指数体系，并进行因素分析的有(　　)。

A. 进口总值指数、进口价格指数和出口总值指数

B. 出口总值指数、出口价格指数和进口总值指数

C. 工业总产值指数、工业劳动生产率指数和工业从业人数指数

D. 粮食总产量指数、人均消费粮食数量指数和总人口指数

4. 平均指标变动因素分析的指数体系中包括的指数有(　　)。

A. 可变构成指数　　B. 加权算术平均数

C. 固定构成指数　　D. 结构影响指数

5. 消费价格指数的作用包括(　　)。

A. 反映人们的实际工资　　B. 反映货币的真实购买力

C. 反映通货膨胀程度　　D. 社会经济投资分析

三、简答题

1. 什么是统计指数？其有哪些作用和种类？
2. 什么是同度量因素？其有何作用？如何确定其时期？
3. 什么是综合指数？其有哪几种基本形式？
4. 什么是平均指标指数？其变动受哪些因素的影响？
5. 什么是指数体系？其有何作用？

第九章　相关与回归分析

知识目标

(1)了解相关关系和函数关系的区别。

(2)掌握运用相关图表示变量之间相关关系的方法。

(3)掌握相关系数的计算方法。

(4)掌握线性回归模型的基本形式。

能力目标

(1)能够根据已有数据绘制散点图。

(2)能够进行相关系数的计算。

(3)能够根据已知数据，利用最小二乘法求解线性回归方程。

素质目标

(1)在相关关系的学习过程中，明白事物之间是普遍存在相互联系、相互作用的，要用联系的眼光看世界。

(2)通过对线性回归的学习，明白一个事物往往是由多种因素共同引起的，要从多个角度考虑问题。

知识体系

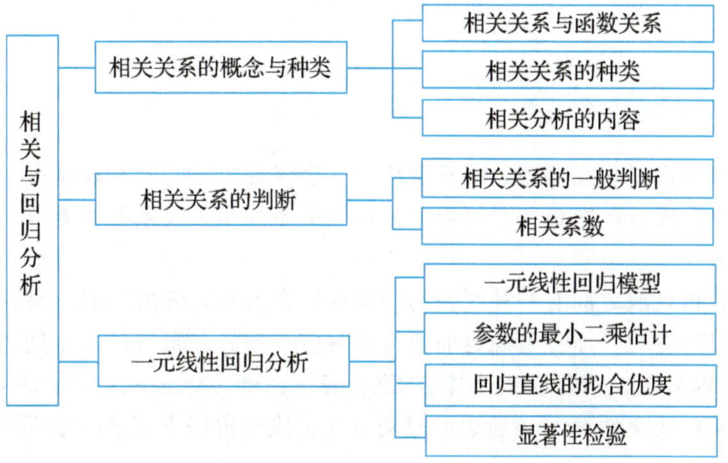

案例引入

财政收入是衡量一个国家财力和政府在社会经济生活中职能范围的重要指标。通常，一个国家财政收入和多种因素有关，如总税收、国内生产总值、其他收入和就业人数等。其中，国内生产总值是所有影响因素中最突出的一个。图 9-1 绘制了某国 2009—2023 年的国内生产总值和财政收入的散点图。

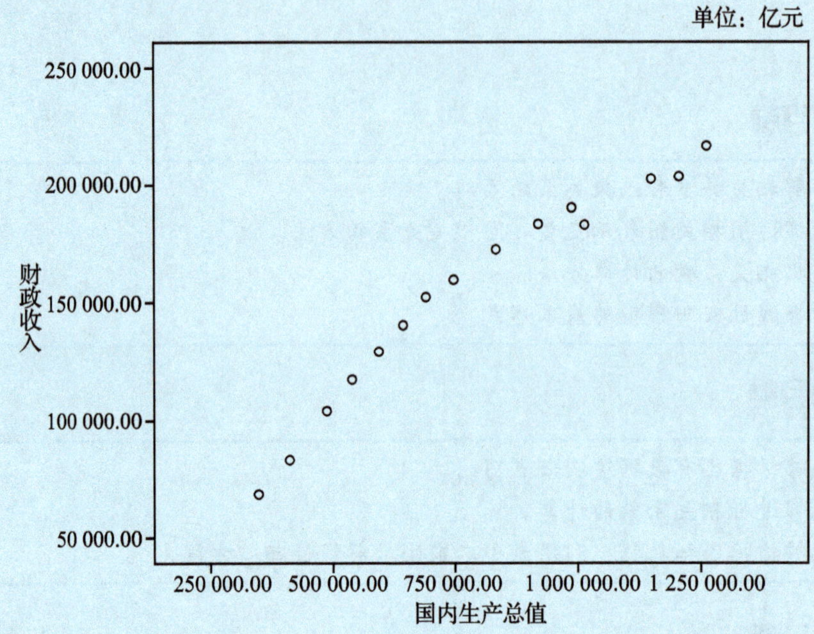

图 9-1　财政收入与国内生产总值散点图

通过散点图可以看出，随着国内生产总值的提高，财政收入也在逐渐提高，二者之间存在一种正向关系。

数据间存在哪些相关关系？如何对变量间的关系进行统计度量？本章我们将学习有关知识。

第一节　相关关系的概念与种类

一、相关关系与函数关系

一切客观事物都是相互联系、相互制约的。客观现象间的互相联系可以通过一定的数量关系反映出来，而这种数量关系可以分为函数关系和相关关系两种类型。

(一)函数关系

函数关系是指现象之间有一种严格的确定性依存关系，表现为某一现象发生变化，另一现象也随之发生变化，而且有确定的值与之对应。例如，银行的 1 年期存款利率为年息 1.7%，存入的本金用 x 表示，到期本息用 y 表示，则 $y=x+1.7\%x$(不考虑利息税)；又如，某种股票的成交额 Y 与该股票的成交量 X、成交价格 P 之间的关系可以用公式 $Y=$

PX 来表示。这些都是函数关系。

(二)相关关系

1. 相关关系的概念

相关关系是指客观现象之间存在的非确定的相互依存关系。也就是说，当一个现象发生数量变化时，另一个现象也会随之发生数量变化，但这种数量关系是不确定的，也不是唯一的。例如，居民收入水平提高，人们对消费品的需求量也相应提高，但这种提高不是严格一一对应的，因为人们对消费品需求的多少不仅受到收入水平的影响，还要受到许多其他因素(如消费习惯、消费预期高低等)的影响。

2. 相关关系的特点

(1)现象之间确实存在着数量上的依存关系。如果一个现象发生数量上的变化，则另一个现象也会相应地发生数量上的变化。例如，商品流通费用增加，一般商品销售额也会增加；反之，如果商品销售额增加，一般商品流通费用也会增加。又如，播种量与粮食收获量之间也都存在数量上的依存关系。

在相互依存的两个变量中，可以根据研究的目的，把其中一个变量确定为自变量，一般用 x 表示；把另一个对应变化的变量确定为因变量，一般用 y 表示。例如，可以把身高作为自变量，则体重就是因变量；也可以把体重作为自变量，那么此时身高就是因变量。

(2)现象之间数量上的关系不是确定的。这意味着一个变量虽然受另一个(或一组)变量的影响，但并不由这一个(或一组)变量完全确定。例如，身高为 1.7 米的不同的人，体重有许多个值；体重为 60 千克的不同的人，身高也有许多个值。可见，身高和体重之间没有严格确定的数量关系存在。又如，产品单位成本和劳动生产率的变动之间存在着一定的依存关系，但除了劳动生产率的变动，还会受到材料消耗、设备折旧、能源耗用及管理费用等诸因素变动的影响。

相关关系和函数关系两者之间既有区别又有联系。有些函数关系往往因为有观察或测量误差及各种随机因素的干扰等，在实际中常常通过相关关系表现出来；而在研究相关关系时，对其数量间的规律性了解得越深刻，其相关关系就越有可能转化为函数关系或接近函数关系。

想一想

指出下列哪些是相关关系，哪些是函数关系。

(1)某物流公司每增加 1 台分拣机器人，每日的分拣量可增加 5 000 件。

(2)家庭收入增加，其消费支出也有增长的趋势。

(3)圆的半径越长，其面积也越大。

(4)农作物的收获量和气温、施肥量有着密切的关系。

二、相关关系的种类

(一)正相关和负相关

按照相关的方向不同，相关关系可分为正相关和负相关，如图 9-2 所示。

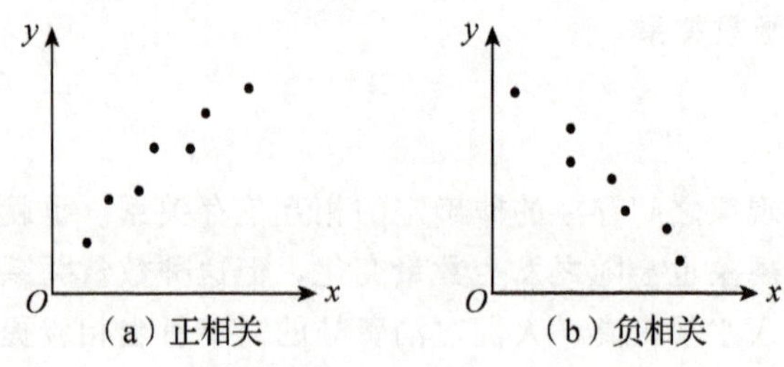

图 9-2 正相关和负相关

1. 正相关

正相关是指当一个变量的值增加或减少，另一个变量的值也随之增加或减少。例如，工人劳动生产率提高，产品产量也随之增加；居民的消费水平随个人可支配收入的增加而增加等。

2. 负相关

负相关是指当一个变量的值增加或减少时，另一个变量的值反而减少或增加。例如，商品流转额越大，商品流通费用就越低；利润随单位成本的降低而增加等。

(二)线性相关和非线性相关

按照相关的形式不同，相关关系可分为线性相关和非线性相关，如图 9-3 所示。

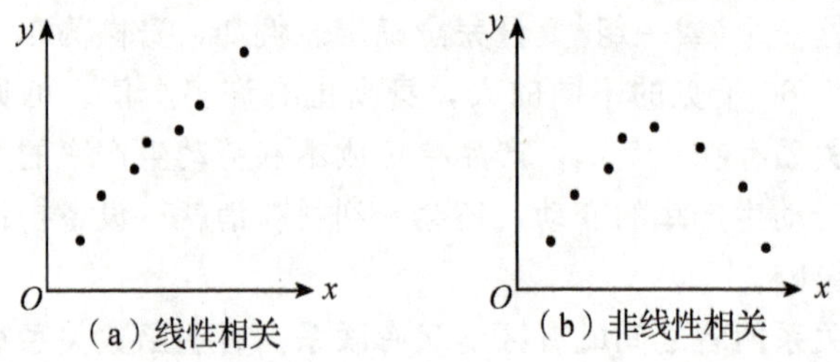

图 9-3 线性相关和非线性相关

1. 线性相关

线性相关又称直线相关，是指当一个变量变动时，另一个变量也随之发生大致均等的变动。从图形上看，其观察点的分布近似地表现为一条直线。例如，人均消费水平与人均收入水平通常呈线性关系。

2. 非线性相关

非线性相关是指当一个变量变动时，另一个变量也随之发生变动，但这种变动不是均等的。从图形上看，其观察点的分布近似地表现为一条曲线，如抛物线、指数曲线等，因此又称为曲线相关。例如，工人加班加点，在一定时间范围内，产量增加，但一旦超过一定限度，产量反而可能下降，这就是一种非线性关系。

(三)完全相关、不完全相关和不相关

按相关的程度不同，相关关系可分为完全相关、不完全相关和不相关，如图 9-4 所示。

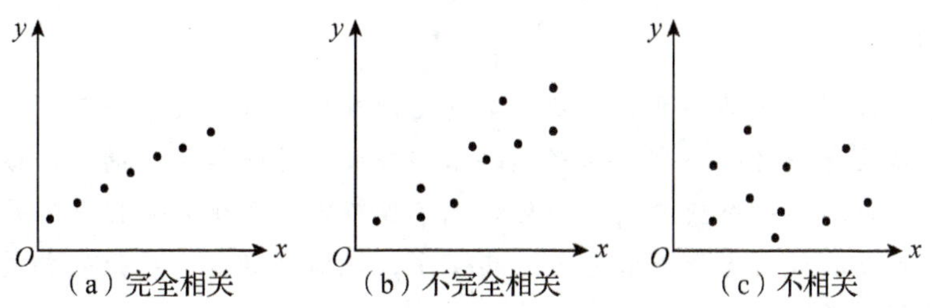

图 9-4　完全相关、不完全相关和不相关

1. 完全相关

完全相关是指一个变量的数量完全由另一个变量的数量变化所决定。例如，在价格不变的条件下，销售额与销售量之间的正比例函数关系即完全相关。此时，相关关系便成为函数关系。因此，也可以说函数关系是相关关系的一个特例。

2. 不完全相关

不完全相关是指两个变量的关系介于完全相关和不相关之间。由于完全相关和不相关的数量关系是确定的或相互独立的，因此，统计学中相关分析的主要研究对象是不完全相关。

3. 不相关

不相关又称零相关，是指变量之间彼此互不影响，数量变化各自独立。例如，股票价格的高低与气温的高低是不相关的。

(四)单相关和复相关

按研究变量(或因素)的多少，相关关系可分为单相关和复相关。

1. 单相关

单相关又称一元相关，是指两个变量之间的相关关系，如广告费支出与产品销售量之间的相关关系。

2. 复相关

复相关是指三个或三个以上变量之间的相关关系，如商品销售额与居民收入、商品价格之间的相关关系。

三、相关分析的内容

相关分析就是对两个变量之间的相关关系进行分析，主要围绕以下内容展开：①变量之间是否存在关系；②如果存在关系，它们之间是什么样的关系；③变量之间的关系强度如何；④样本所反映的变量之间的关系能否代表总体变量之间的关系。

为了解决这些问题，可以采用以下方法：①编制相关表，将所研究的各变量值置于同一表格中；②绘制散点图，根据相关表绘制散点图，更直观地判断变量之间的关系形态；③如果发现是线性相关，利用相关系数对两个变量间的关系强度进行测度；④对相关系数进行显著性检验，以判断样本信息对总体的代表性。

特别提示

两个变量之间存在相关关系，并不一定说明两者之间存在因果关系。因果关系是指一个变量的存在会导致另一个变量的产生；而相关关系是统计学上的一个概念，是指一个变量变化的同时，另一个变量也会变化，但不能确定一个变量变化是不是另一个变量变化的原因。比如，天气冷和下雪通常一起发生，说明两者具有很强的相关性，但不能确定是否有因果关系。

第二节 相关关系的判断

一、相关关系的一般判断

(一)定性分析

要分析说明现象之间相关关系的具体数量表现，要先根据对客观事物的定性认识来判断。任何事物都有质的规定性，它表明了事物自身和其他事物之间的联系。对事物的这种质的规定性的认识和分析，就是定性分析。它通常运用理论知识、专业知识、实际经验来进行判断和分析。例如，根据经济理论来判断居民的货币收入与社会商品购买力是否存在相关关系，根据生物遗传理论来判断父辈的身高与子辈的身高是否存在相关关系等。

定性分析是进行相关分析的基础。在此基础上，再根据需要，通过编制相关表和绘制散点图来进行具体的分析。

(二)编制相关表

对两个变量进行相关分析，必须先取得一系列的成对资料。把具有相关关系的原始数据平行排列起来的表称为相关表。

【例 9.1】 根据 10 个同类企业的生产性固定资产年平均价值和总产值资料编制相关表，如表 9-1 所示。

表 9-1 相关关系表 单位：万元

企业编号	生产性固定资产年平均价值	总产值	企业编号	生产性固定资产年平均价值	总产值
1	318	524	6	502	928
2	910	1 019	7	314	605
3	200	632	8	1 210	1 516
4	409	815	9	1 022	1 219
5	415	913	10	1 225	1 624

从表 9-1 可以看出，生产性固定资产年平均价值与总产值之间有相关关系，表现为随着生产性固定资产年平均价值的增加，总产值也在不断增加。

(三)绘制散点图

散点图是把相关表中一一对应的具体数值在直角坐标系中用坐标点描绘出来而形成的

图。例如，将表 9-1 中的资料绘制成散点图，如图 9-5 所示。

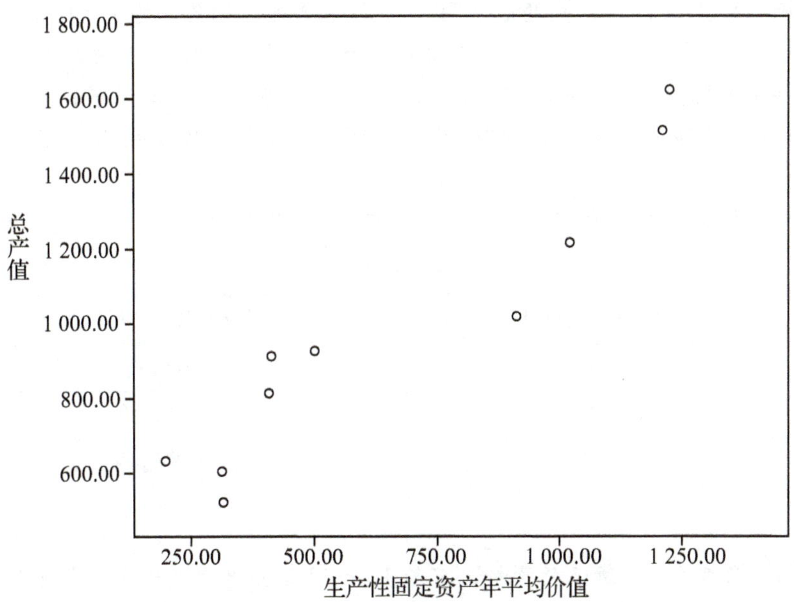

图 9-5　生产性固定资产年平均价值与总产值散点图

其中，横轴代表生产性固定资产年平均价值，纵轴代表总产值。以表 9-1 中两个变量的对应数值为坐标点在坐标系中画出来，标出每对变量值的坐标点(相关点)，用以表明相关点分布状况的图形即散点图。利用散点图，可以更直观、更形象地表现变量之间的相关关系。

从图 9-5 中可以清晰地看到，10 个企业生产性固定资产年平均价值与总产值之间是线性正相关的。

二、相关系数

(一)相关系数的概念

通过散点图，可以判断两个变量之间有无相关关系，并对变量间的关系形态作出大致的描述，但不能准确反映变量之间的关系强度。因此，为准确度量两个变量之间的关系强度，需要计算相关系数。

相关系数是根据样本数据计算的、度量两个变量之间线性关系强度的统计量。若相关系数是根据总体全部数据计算的，称为总体相关系数，记为 ρ；若是根据样本数据计算的，则称为样本相关系数，记为 r。样本相关系数的计算公式为：

$$r=\frac{n\sum xy-\sum x\sum y}{\sqrt{n\sum x^2-\left(\sum x\right)^2}\cdot\sqrt{n\sum y^2-\left(\sum y\right)^2}}$$

按上述公式计算的相关系数也称线性相关系数，或称 Pearson 相关系数。

(二)相关系数的性质

相关系数具有如下性质：①相关系数的取值介于 -1 和 $+1$，即 $-1\leqslant r\leqslant +1$。②当相关系数 $r=0$ 时，则表示两个变量 x 和 y 之间没有线性关系，但并不排除存在其他非线性

相关关系的可能。至于二者之间可能存在的非线性相关关系，则需要利用其他指标进行分析。③如果相关系数$|r|=1$，则变量x和y之间完全线性相关。当$r=1$时，为完全正相关；当$r=-1$时，为完全负相关。④在大多数情况下，$-1<r<1$时，说明变量x和y之间存在着一定的线性关系。r的绝对值越接近1，表示相关关系越强；r的绝对值越接近0，表示相关关系越弱。⑤r具有对称性。x与y之间的相关系数与y与x之间的相关系数相等。

具体来说，相关关系的密切程度可以参照表9-2中的标准。

表9-2 相关关系密切程度判断标准

相关系数绝对值所在区间	相关关系的密切程度
[0，0.3)	不相关
[0.3，0.5)	低度相关
[0.5，0.8)	显著相关
[0.8，1.0]	高度相关

【例9.2】 根据表9-1所示的资料，可知10个同类企业的生产性固定资产年平均价值和总产值的相关系数计算，如表9-3所示。

表9-3 10家生产性固定资产年平均价值和总产值资料表

企业编号	生产性固定资产年平均价值/万元(x)	总产值/万元(y)	x^2	y^2	xy
1	318	524	101 124	274 576	166 632
2	910	1 019	828 100	1 038 361	927 290
3	200	632	40 000	399 424	126 400
4	409	815	167 281	664 225	333 335
5	415	913	172 225	833 569	378 895
6	502	928	252 004	861 184	465 856
7	314	605	98 596	366 025	189 970
8	1 210	1 516	1 464 100	2 298 256	1 834 360
9	1 022	1 219	1 044 484	1 485 961	1 245 818
10	1 225	1 624	1 500 625	2 637 376	1 989 400
合计	6 525	9 795	5 668 539	10 858 957	7 657 956

解： 将表9-3中的有关数据代入相关系数公式中，可得

$$r=\frac{n\sum xy-\sum x\sum y}{\sqrt{n\sum x^2-(\sum x)^2}\cdot\sqrt{n\sum y^2-(\sum y)^2}}$$

$$=\frac{10\times 7\,657\,956-6\,525\times 9\,795}{\sqrt{10\times 5\,668\,539-6\,525^2}\times\sqrt{10\times 10\,858\,957-9\,795^2}}\approx 0.95$$

计算结果表明，10个同类企业的生产性固定资产年平均价值与总产值之间存在着高度相关关系。

(三)相关系数的显著性检验

一般情况下，总体相关系数ρ是未知的，通常将样本相关系数r作为ρ的近似估计值。但r是根据样本数据计算出来的，会受到抽样波动的影响。由于抽取的样本不同，r的取值也就不同，因此r是一个随机变量。能否根据样本相关系数说明总体的相关程度，就要考察样本相关系数的可靠性，也就是进行显著性检验。

检验的具体步骤如下。

第一步：提出假设。

$$H_0: \rho=0, \ H_1: \rho\neq 0$$

第二步：计算检验统计量。

$$t=|r|\sqrt{\frac{n-2}{1-r^2}}\sim t(n-2)$$

第三步：进行决策。

根据给定的显著性水平α和自由度$df=n-2$查t分布表，得出$t_{\alpha/2}(n-2)$的临界值。若$|t|>t_{\alpha/2}$，则拒绝原假设，表明总体的两个变量之间存在显著的线性关系；否则，则接受原假设，表明总体的两个变量之间不存在显著的线性关系。

【例9.3】　根据【例9.2】计算的相关系数，检验生产性固定资产年平均价值与总产值之间的相关系数是否显著($\alpha=0.05$)。

解：

第一步：提出假设。$H_0: \rho=0$，$H_1: \rho\neq 0$。

第二步：计算检验统计量。$t=|r|\sqrt{\frac{n-2}{1-r^2}}=|0.95|\times\sqrt{\frac{10-2}{1-0.95^2}}\approx 8.605\ 3$

第三步：进行决策。根据显著性水平$\alpha=0.05$和自由度$n-2=10-2=8$查t分布表可得：$t_{\alpha/2}(n-2)=2.306\ 0$。由于$t=8.605\ 3>t_{\alpha/2}=2.306\ 0$，所以拒绝原假设，说明生产性固定资产年平均价值与总产值之间存在显著的正相关的线性关系。

第三节　一元线性回归分析

一、一元线性回归模型

(一)回归模型

在回归分析中，被预测或被解释的变量称为因变量，用y表示；用来预测或解释因变量的一个或多个变量称为自变量，用x表示。当回归中只涉及一个自变量时，称为一元回归；若因变量y与自变量x之间为线性关系，称为一元线性回归。

对于具有线性关系的两个变量，可以用一个线性方程来表示他们之间的关系。描述因变量y如何依赖于自变量x和误差性ε的方程称为回归模型，可表示为：

$$y=\beta_0+\beta_1 x+\varepsilon$$

在一元线性回归模型中，y是x的线性函数($\beta_0+\beta_1 x$)加上误差项ε。$\beta_0+\beta_1 x$反映了

由于 x 的变化而引起的 y 的线性变化；ε 是称为误差项的随机变量，反映了除了 x 之外其他随机因素对 y 的总影响。式中的 β_0 和 β_1 称为模型的参数。

对于一元线性回归模型，有以下主要假定：①因变量 y 与自变量 x 之间具有线性关系；②在重复抽样中，自变量 x 的取值是固定的，即假定 x 是非随机的；③误差项 ε 是一个期望值为 0 的随机变量，即 $E(\varepsilon)=0$；④对于所有的 x 的值，ε 的方差都相同，都等于 σ^2；⑤误差项 ε 是一个服从正态分布的随机变量且相互独立，即 $\varepsilon\sim N(0,\sigma^2)$。

(二)回归方程

根据回归模型中的假定，ε 的期望值等于 0，因此 y 的期望值 $E(y)=\beta_0+\beta_1 x$。也就是说，y 的期望值是 x 的线性函数。描述因变量 y 的期望值如何依赖于自变量 x 的方程称为回归方程。一元线性回归方程的形式为：

$$E(y)=\beta_0+\beta_1 x$$

一元线性回归方程的图示是一条直线，因此也称为直线回归方程。其中，β_0 是回归直线在 y 轴上的截距，是当 $x=0$ 时 y 的期望值；β_1 是直线的斜率，表示 x 每变动 1 个单位时，y 的平均变动值。

如果用样本统计量 $\hat{\beta}_0$ 和 $\hat{\beta}_1$ 代替回归方程中的未知参数 β_0 和 β_1，这时就得到了估计的回归方程。它是根据样本数据求出的回归方程的估计。

对于一元线性回归，估计的回归方程形式为：

$$\hat{y}=\hat{\beta}_0+\hat{\beta}_1 x$$

式中，$\hat{\beta}_0$ 是估计的回归直线在 y 轴上的截距；$\hat{\beta}_1$ 是直线的斜率，表示 x 每变动 1 个单位时，y 的平均变动值。

二、参数的最小二乘估计

观测值 y 与估计值 $\hat{y}$ 之差记为：

$$e=y-\hat{y}=y-\hat{\beta}_0-\hat{\beta}_1 x$$

式中，e 为残差，是误差项 ε 的估计值。

最理想的回归直线应该尽可能地从整体来看最接近各个实际观测点，即各个观测点到回归直线的垂直距离最短。通常用残差平方和来衡量全部实际观测值与对应估计值之间差距的大小。因此，回归直线应该满足的条件：因变量的观测值 y 与对应的回归估计值 $\hat{y}$ 的离差平方和最小。根据最小二乘法，使 $\sum(y-\hat{y})^2=\sum(y-\hat{\beta}_0-\hat{\beta}_1 x)^2$ 最小。令 $Q=\sum(y-\hat{y})^2$，在给定样本数据后，Q 是 $\hat{\beta}_0$ 和 $\hat{\beta}_1$ 的函数，且最小值总是存在。根据微积分的极值定理，对 Q 分别求 $\hat{\beta}_0$ 和 $\hat{\beta}_1$ 的偏导数，令其等于 0，便可求出 $\hat{\beta}_0$ 和 $\hat{\beta}_1$，即：

$$\begin{cases}\dfrac{\partial Q}{\partial \beta_0}\bigg|_{\beta_0=\hat{\beta}_0}=-2\sum(y-\hat{\beta}_0-\hat{\beta}_1 x)=0\\[2ex]\dfrac{\partial Q}{\partial \beta_1}\bigg|_{\beta_1=\hat{\beta}_1}=-2\sum x(y-\hat{\beta}_0-\hat{\beta}_1 x)=0\end{cases}$$

解上述方程组得：

$$\begin{cases}\hat{\beta}_1=\dfrac{n\sum xy-\sum x\sum y}{n\sum x^2-(\sum x)^2}\\[2ex]\hat{\beta}_0=\bar{y}-\hat{\beta}_1\bar{x}\end{cases}$$

特别提示

当 $x=\bar{x}$ 时，$y=\bar{y}$，即回归直线经过点$(\bar{x}, \bar{y})$，这是回归直线重要性质之一。

【例 9.4】 抽取 9 家企业 2023 年 12 月的月产量和单位产品成本，如表 9-4 所示。用最小二乘法建立月产量 x 和单位产品成本 y 之间的直线方程。说明月产量每增加 1 000 件，单位产品成本将如何变化，并估计当月产量 $x=10$(10 000 件)时，单位产品成本的数值。

表 9-4 9 家企业 2023 年 12 月的月产量和单位产品成本资料表

企业序号	月产量/千件 (x)	单位成本/元 (y)	x^2	y^2	xy
1	4.1	80	16.81	6 400	328.0
2	6.3	72	39.69	5 184	453.6
3	5.4	71	29.16	5 041	383.4
4	7.6	58	57.76	3 364	440.8
5	3.2	86	10.24	7 396	275.2
6	8.5	50	72.25	2 500	425.0
7	9.7	42	94.09	1 764	407.4
8	6.8	63	46.24	3 969	428.4
9	2.1	91	4.41	8 281	191.1
合计	53.7	613	370.65	43 899	3 332.9

解： $\hat{\beta}_1=\dfrac{n\sum xy-\sum x\sum y}{n\sum x^2-(\sum x)^2}=\dfrac{9\times 3\ 332.9-53.7\times 613}{9\times 370.65-53.7^2}\approx -6.46$

$\bar{x}\approx 5.97$，$\bar{y}\approx 68.11$

$\hat{\beta}_0=\bar{y}-\hat{\beta}_1\bar{x}=68.11-(-6.46)\times 5.97\approx 106.68$

则回归方程为：$\hat{y}=106.68-6.46x$。

由方程可以看出，月产量每增加 10 000 件，单位产品成本将平均下降 6.46 元。

当 $x=10$(10 000 件)时，$\hat{y}=106.68-6.46\times 10=42.08$(元)

即月产量为 10(10 000 件)时，单位产品成本为 42.08 元。

三、回归直线的拟合优度

各观测点越是紧密围绕着直线，说明直线对观测数据的拟合程度越好；反之则越差。回归直线与各观测点的接近程度称为回归直线的拟合优度，主要依据判定系数和估计标准误差两个指标进行度量。

(一)判定系数

因变量总离差平方和可以作如下分解：

$$y-\bar{y}=(y-\hat{y})+(\hat{y}-\bar{y})$$

将上式两边同时平方，并对 n 个点求和可得：

$$\sum(y-\bar{y})^2=\sum(y-\hat{y})^2+\sum(\hat{y}-\bar{y})^2+2\sum(y-\hat{y})(\hat{y}-\bar{y})$$

可以证明 $\sum(y-\hat{y})(\hat{y}-\bar{y})=0$，因此：

$$\sum(y-\bar{y})^2=\sum(y-\hat{y})^2+\sum(\hat{y}-\bar{y})^2$$

即总离差平方和(SST)可以分为回归平方和(SSR)与残差平方和(SSE)两部分，即：

$$总平方和(SST)=回归平方和(SSR)+残差平方和(SSE)$$

回归直线的拟合程度取决于 SSR 及 SSE 的大小，或者取决于回归平方和 SSR 占总平方和 SST 的比例，各观测点越是靠近直线，SSR/SST 就越大，直线拟合就越好。回归平方和占总平方和的比例称为判定系数，记为 R^2。其计算公式为：

$$R^2=\frac{SSR}{SST}=1-\frac{SSE}{SST}$$

判定系数的取值范围是[0，1]。当 R^2 为0时，说明 y 的变化与 x 无关；当 $R^2=1$ 时，所有的观测点都落在回归直线上，此时 $SSE=0$，直线的拟合度是最好的。可见，当 R^2 越接近1，说明回归平方和占总平方和的比例越大，回归直线与各观测点越接近，x 能解释 y 值的变差部分就越多，回归直线的拟合程度就越好；相反，R^2 越接近0时，回归直线的拟合程度就越差。在一元线性回归中，判定系数 R^2 是自变量和因变量相关系数 r 的平方。

(二)估计标准误差

估计标准误差是残差均方的平方根，即残差的标准差，用 s_e 来表示。其计算公式为：

$$s_e=\sqrt{\frac{\sum(y-\hat{y})^2}{n-2}}=\sqrt{\frac{SSE}{n-2}}$$

s_e 反映了用估计的回归方程预测因变量 y 时产生的误差大小。各观测点越靠近直线，回归直线对各观测点的代表性就越强，s_e 就会越小，根据回归方程进行预测也就越准确；若各观测点全部落在直线上，则 $s_e=0$，此时用自变量来预测因变量是没有误差的。可见，s_e 从另一个角度说明了回归直线的拟合程度。

四、显著性检验

(一)线性关系的显著性检验

线性关系的显著性检验是检验自变量 x 和因变量 y 之间的线性关系是否显著，或者说它们之间的关系能否用一个线性模型表示。其检验步骤如下。

第一步：提出假设。

$$H_0: \beta_1=0, \quad H_1: \beta_1\neq 0$$

第二步：计算检验统计量。

$$F=\frac{SSR/1}{SSE/(n-2)}\sim F(1, n-2)$$

第三步：作出决策。确定显著性水平 α，并根据分子自由度 $df_1=1$ 和分母自由度 $df_2=n-2$ 查 F 分布临界值表，找到对应的临界值 F_α。若 $F>F_\alpha$，则拒绝原假设，表明两个变量之间的线性关系是显著的；若 $F<F_{\alpha}$，则接受原假设，没有证据表明两个变量之间的线性关系显著。

(二)回归系数的显著性检验

回归系数的显著性检验是要检验自变量对因变量的影响是否显著。其检验步骤如下。

第一步：提出假设。

$$H_0: \beta_1=0, \ H_1: \beta_1 \neq 0$$

第二步：计算检验统计量。

$$t=\frac{\hat{\beta}_1}{s_{\hat{\beta}_1}}$$

第三步：作出决策。确定显著性水平 α，并根据自由度 $df=n-2$ 查 t 分布临界值表，找到对应的临界值 $t_{\alpha/2}$。若 $|t|>t_{\alpha/2}$，则拒绝原假设，表明自变量 x 对因变量 y 的影响是显著的；若 $|t|<t_{\alpha/2}$，则接受原假设，表明自变量 x 对因变量 y 的影响不显著。

数说统计

根据生产与投资数据，建立以全社会固定资产投资为自变量、国内生产总值为因变量的一元线性回归模型。

依次选择“分析”→“回归”→“线性”命令。单击“线性”进入到“回归分析”对话框。这里把“国内生产总值”放入因变量框，把“全社会固定资产投资”放到自变量框。其他选择默认即可，单击“确定”提交系统分析。

模型摘要

模型	R	R 方	调整后 R 方	标准估算的误差
1	0.987	0.974	0.973	31 343.468

a. 预测变量：(常量)，全社会固定资产投资

图 9-6　模型汇总

从图 9-6 的结果可以看出复相关系数 $R=0.987$。当只有一个自变量时，其值和自变量与因变量的相关系数 r 一致。判定系数 $R^2=0.974$，它是复相关系数的平方，说明该回归模型自变量“全社会固定资产投资”可以解释因变量“国内生产总值”97.4%的变差，提示拟合效果很好。

ANOVA[a]

模型		平方和	自由度	均方	F	显著性
1	回归	1.019	1	1.019	1 037.144	0.000
	残差	2.751	28	982 412 997.2		
	总计	1.046	29			

a. 因变量：国内生产总值

b. 预测变量：(常量)，全社会固定资产投资

图 9-7　方差分析表

从图9-7"平方和"一栏可以看出总平方和(SST,总计)、组间平方和(SSR,回归)和组内平方和的大小(SSE,残差);从"df"一栏可以知道各个部分的自由度;各自的平方和除以其自由度便得到了"均方"一栏的数据;F 值就是组间(回归)均方除以组内(残差)均方的取值。从结果上看,$F=1\ 037.144$,其检验的概率水平 $p=0.000$,是小于0.05的显著性水平,说明一元线性回归模型在0.05的显著水平上有统计意义。

系数[a]

模型		未标准化系数		标准化系数	t	显著性
		B	标准误差	Beta		
1	(常量)	40 762.310	7 088.591		5.750	0.000
	全社会固定资产投资	1.320	0.041	0.987	32.205	0.000

a. 因变量:国内生产总值

图 9-8 回归系数及其检验

回归系数检验及方程构建。由图9-8可以看出常数项的显著性检验统计量 $t=5.750$,其 $p=0.000$,小于0.05;自变量的回归系数的显著性水平检验统计量 $t=32.205$,其 $p=0.000$,也小于0.05。因此,两个系数都应该给予保留。

自变量的回归系数一般采用非标准化系数,可以根据上述结果构建起全社会固定资产投资(x)和国内生产总值(y)的方程,即:

$$y=1.32x_1+40\ 762.310$$

实训项目

项目名称: 模型构建试验。

实训目的: 掌握线性回归模型的应用。

实训内容:

将学生进行分组,每组大约10名学生。每名学生都记录下自己的学习时间和学习成绩,以组为单位记录在一张纸上。每组学生都将学习时间作为自变量,将学习成绩作为因变量,建立一元线性回归模型,解释学习时间和学习成绩两个变量之间的回归模型是否显著。

课后练习

一、单项选择题

1. 下列属于函数关系的是(　　)。

A. 销售人员专业知识测验成绩与销售额大小

B. 圆周的长度与圆的半径

C. 家庭收入与消费

D. 数学成绩与统计学成绩

2. 年劳动生产率 x(千元)和工人工资 y(元)之间的回归关系式为 $y=10+70x$,这意味着年劳动生产率每提高1 000元时,工人工资平均(　　)。

A. 增加70元　　B. 减少70元　　C. 增加80元　　D. 减少80元

3. 当相关系数 $r=0$ 时，表明(　　)。

A. 现象之间完全无关　　B. 相关程度较小

C. 现象之间完全相关　　D. 无直线相关关系

4. 估计的标准误差是反映(　　)。

A. 平均数的代表性指标　　B. 相关关系的指标

C. 回归直线的代表性指标　　D. 序时平均数的代表性指标

5. 在回归直线 $y=\beta_0+\beta_1 x$ 中，β_1 表示(　　)。

A. 当 x 增加 1 个单位时，y 增加 β_0 的数量

B. 当 y 增加 1 个单位时，x 增加 β_1 的数量

C. 当 x 增加 1 个单位时，y 的平均增加量

D. 当 y 增加 1 个单位时，x 的平均增加量

二、判断题

1. 相关关系和函数关系都属于完全确定性的依存关系。(　　)

2. 如果两个变量的变动方向一致，同时呈上升或下降趋势，则二者是正相关关系。(　　)

3. 在直线回归分析中，两个变量是对等的，不需要区分因变量和自变量。(　　)

4. 在进行相关与回归分析时，应注意对相关系数和回归直线方程的有效性进行检验。(　　)

三、计算题

1. 某制药公司研发投入与公司利润资料，如表 9-5 所示。

表 9-5　某制药公司研发投入与公司利润资料　　单位：万元

研发投入	20	32	40	43	57
利润	120	162	270	285	310

(1)计算研发投入与利润之间的相关系数。

(2)分别建立以研发投入和利润为自变量的回归方程。

(3)当研发投入为 60 万元时，利润可以达到多少？

(4)当利润为 400 万元时，需要投入多少用于研发？

2. 随机抽取 7 家超市，得到其广告费支出和销售额数据，如表 9-6 所示：

表 9-6　超市广告费与销售额资料　　单位：万元

超市编号	广告费支出	销售额	超市编号	广告费支出	销售额
1	1	19	5	10	52
2	2	32	6	14	53
3	4	44	7	20	54
4	6	40			

(1)用广告费支出作为自变量 x，销售额作为因变量 y，建立估计的回归方程。

(2)检验广告费支出与销售额之间的线性关系是否显著($\alpha=0.05$)。

本书配套微课视频

序号	资源名称	扫码获取资源	序号	资源名称	扫码获取资源
1	统计学的发展历程		11	假设检验的步骤	
2	总体、样本和个体		12	两类错误	
3	统计数据的计量尺度		13	时间序列的分类	
4	设计统计调查方案的步骤		14	时间序列的构成因素	
5	统计表的结构与分类		15	综合指数	
6	统计图的分类		16	平均指数	
7	集中趋势指标		17	几种常见的统计指数	
8	离散趋势指标		18	相关关系的种类	
9	区间估计的基本原理		19	相关系数	
10	样本容量的确定		20	一元线性回归模型	

参考文献

[1]贾俊平．统计学：基于 SPSS[M]．4 版．北京：中国人民大学出版社，2021.
[2]贾俊平．统计学：基于 R[M]．4 版．北京：中国人民大学出版社，2021.
[3]贾俊平，何晓群，金勇进．统计学[M]．8 版．北京：中国人民大学出版社，2021.
[4]向蓉美，王青华，马丹．统计学[M]．3 版．北京：机械工业出版社，2023.
[5]刘照德，朱芳芳，石立．统计学[M]．重庆：西南大学出版社，2023.
[6]贾俊平．统计学：基于 Excel[M]．3 版．北京：中国人民大学出版社，2022.
[7]朱建平，黄良文．统计学[M]．4 版．北京：中国统计出版社，2022.
[8]贾俊平．统计学基础[M]．7 版．北京：中国人民大学出版社，2023.
[9]吴风庆，王艳明．统计学[M]．4 版．北京：科学出版社，2023.
[10]曾五一，肖红叶．统计学导论[M]．4 版．北京：科学出版社，2023.
[11]叶仁道，刘干，薛洁，罗堃．统计学[M]．2 版．西安：西安电子科技大学出版社，2023.
[12]赵雪虹．统计学[M]．北京：清华大学出版社，2023.
[13]谢梦珍，詹锦华．统计学[M]．3 版．南京：南京大学出版社，2023.